3.ª ED

SEGREDOS DA INTERNET QUE CRIANÇAS E ADOLESCENTES AINDA NÃO SABEM

Mais de 40 histórias reais de crianças e adolescentes na internet

Kelli Angelini

Editora InVerso
© 2024. Editora InVerso

R. Doutor Goulin, 1523 Alto da Glória
CEP 80040-280 Curitiba-PR
(41) 3254-1616 e (41) 3558-8001
editorainverso@editorainverso.com.br
www.editorainverso.com.br
Facebook.com/editorainverso
Instagram @editorainverso

COORDENAÇÃO EDITORIAL / EDITORA
Cristina Jones

REVISÃO
Camila Dias Manoel

REVISÃO PEDAGÓGICA
Andressa Caprecci

CAPA, PROJETO GRÁFICO E DIREÇÃO DE ARTE
Adriane Baldini

DADOS INTERNACIONAIS DE CATALOGAÇÃO NA PUBLICAÇÃO (CIP)
MONA YOUSSEF HAMMOUD – CRB/9ª.1393

A5820
    ANGELINI, Kelli. Os segredos da internet que crianças e adolescentes ainda não sabem: mais de 40 histórias de crianças e adolescentes na internet. **3.ª ED**
Curitiba: InVerso Editora, 2024.
106 p. 15 x 21 cm   PTBR
ISBN: 978-85-5540-339-2

---

1. Humanidades. 2. Ciências Sociais. 3. Internet. 4. Segurança.
5. Educação digital. 6. Informação. I.Título

CDD: 340.11

CIÊNCIAS SOCIAIS: 340.11
INFORMAÇÃO: 332.6

Ao adquirir um livro, você está remunerando o trabalho de escritores, diagramadores, ilustradores, revisores, livreiros e mais uma série de profissionais responsáveis por transformar ideias em realidade e trazê-las até você. **Todos os direitos reservados.** É proibida a reprodução total ou parcial de qualquer forma ou por qualquer meio. A violação de direitos do autor (Lei 9.610/98) é crime estabelecido pelo artigo 184 do Código Penal.

ASSOCIADO
Câmara Brasileira do Livro

brazilian publishers

Ao Fred, verdadeiro companheiro de vida.

Aos meus amados filhos, Marina e Miguel, presentes de Deus, que me fazem evoluir a cada dia e aprender a enxergar a vida por meio de outros olhos.

Ao meu irmão, Thiago, motivador e que me traz muito orgulho.

À minha mãe, Zilma, exemplo de esforço e inspiração de conquistas.

À memória do meu pai, Pedro, homem acolhedor e que está no céu empreendendo ao lado de Deus.

À minha avó Valdeci, mulher guerreira e amável.

À minha amiga Marina Feferbaum, a quem admiro imensamente e que plantou a ideia para nascer este livro; e aos meus amigos Ana Flávia, Carol, Carlinhos, Dani, Eleonora, Guilherme, Raquel K., Raquel R. e tantos outros que me incentivam e inspiram.

Por fim, agradeço a Deus por me guiar para esse propósito de vida.

APRESENTAÇÃO

Caro educador,

Nos últimos anos, temos sido atravessados por uma realidade diferente, um novo jeito de pensar, agir, relacionar-se que se constrói na era digital. Você lida com desafios diários com seus alunos e, por vezes, não tem instrumentos para resolver as questões que permeiam o cotidiano. Que difícil!

Os desafios do mundo digital não aparecem somente quando você usa o computador em sala de aula, mas quando recebe seus alunos com questões e demandas que vivenciam nos espaços virtuais.

É a nova dança do TikTok, a música popular do momento, o Roblox que faz sucesso estrondoso. É tanta ferramenta nova que todos nós sentimos dificuldades de acompanhar e saber lidar com essas mudanças constantes. Além de tudo isso, sei bem que você ainda tem de lidar com casos de alunas que tiveram fotos íntimas expostas, com alunos que fazem memes "trollando" amigos e com as filmagens na sala de aula que circulam no WhatsApp.

Não é raro ouvirmos nossos jovens dizendo que a internet é uma terra sem lei, que lá não há punição, não há regras e não se precisa respeitar o próximo. Por outro lado, crianças e adolescentes têm caído na lábia de cibercriminosos que ganham a confiança deles para pedir *nudes*, ameaçar ou marcar encontros presenciais para praticar barbáries.

Nesta obra, por meio de casos reais, buscamos apresentar uma forma lúdica de instruir e informar crianças e adolescentes sobre boas práticas *online*, destacando os direitos e deveres dos jovens previstos na legislação brasileira. Ter conhecimento das boas práticas, dos riscos, perigos, direitos e deveres pelos próprios jovens não só os empodera naquilo que acontece no dia a dia e no que a legislação lhes oferece, mas também os torna conscientes do dever que eles têm em sociedade e da proteção que eles merecem, seja *online*, seja *offline*.

Fique tranquilo, que você não está sozinho. Segundo a pesquisa *TIC kids online Brasil*, 93% da população de 9 a 17 anos usa a internet no Brasil, o que equivale a 24,3 milhões de crianças e adolescentes conectados. Ou seja, a maioria dos adultos que convivem com esses jovens cidadãos, sejam familiares, sejam educadores, está enfrentando esses desafios também.

Por isso, por meio desta obra, vou ajudar você com informações sobre direitos e deveres das crianças e adolescentes e também com histórias reais de casos advindos de bons e maus exemplos do uso da internet.

De coração, desejo que esta obra o fortifique para que, nesta sua caminhada de mediador, facilitador e articulador de conhecimento e amparo para seus alunos, você se sinta mais confortável e seguro ao ter de lidar com questões ligadas à internet.

Aproveite.

A autora.

CARTA AOS JOVENS

E aí, galera!

Trocar ideia no Zap, mandar fotinha no Snapchat, dar uma postada no Instagram, dar um googlada e bater papo no chatGPT, mano, é muito top, né?

Só que nem sempre essas paradas tecnológicas são usadas de boa. Tem uns caras maldosos na internet que podem te meter em treta, ou então tu pode fazer umas coisas online pensando que é só zoeira, mas aí pode ter umas consequências bem pesadas. Ficou na pior.

Tem um monte de histórias reais de galera jovem que se ferrou na internet e também um montão que se deu super bem. Lendo este livro, você vai aprender como se proteger dos riscos e perigos na internet, sacar que tu merece segurança e entender como fazer umas paradas maneiras online.

Bora lá!

A autora.

PREFÁCIO

A internet vem transformando profundamente nossa forma de viver. Para quem é adulto, as diferenças são mais marcantes, pois passamos por uma (rápida) transição na forma como nos comunicamos com familiares e amigos, resolvemos problemas com o banco, estudamos, trabalhamos, divertimo-nos, consumimos, fazemos uma consulta médica e até como nos deslocamos.

Já para as gerações mais novas, de crianças e adolescentes que nasceram num ambiente digital e com acesso às novas tecnologias, tudo sempre esteve conectado. Redes sociais, jogos *online*, grupos em aplicativos de mensageria, todas essas atividades implicam um uso responsável da internet, especialmente quando se trata de pessoas que estão em fase de desenvolvimento.

No início deste século, ainda havia uma divisão entre o mundo físico, *offline*, chamado de real muitas vezes, e o mundo virtual, *online*. Essa separação já não existe mais. Não há mais como nos transportarmos para "lá", pois, com a popularização das tecnologias móveis e o uso em todas as áreas da nossa vida, o digital já faz parte da nossa vida cotidiana.

Ao expandir nossa rotina a todos os dispositivos e estar conectados à internet o tempo todo, essa dimensão é palco para muitos acontecimentos, tal como em outras esferas da vida. Com isso, há muitas novas oportunidades para conexão e aprendizados, mas também diversas infrações e crimes foram estendidos a esse ambiente.

A internet agora já faz parte do tal "mundo real". Não é mais possível separar essas dimensões. Lazer, redes sociais, ferramentas de comunicação e de estudo, com que os jovens podem desenvolver inúmeras habilidades e expor sua criatividade, também podem ser instrumentos para violação de direitos.

Daí a importância desta obra, que aborda com clareza os direitos e deveres de crianças e adolescentes, na internet e fora dela, e seu uso responsável. Por estarem em processo de formação, os cuidados na proteção desses jovens cabem a toda a sociedade. Se 93% da população entre 9 e 17 anos acessa a internet, isso significa que é enorme a chance de você ser uma delas ou conhecer alguém do seu entorno que faz parte desse grupo.

Segredos da internet que crianças e adolescentes AINDA não sabem é um livro que não diz respeito somente a esse público. Ele interessa a qualquer pessoa que esteja na posição de educador(a), conviva com esses jovens — pais, responsáveis ou tutores —, ou tenha contato de alguma forma com crianças e adolescentes.

Com dicas práticas, abordando questões que todos e todas nós temos, esta é uma obra para consultar sempre. Aplicando os conteúdos em sala de aula, levantando discussões em casa e com profissionais ligados à infância e adolescência, com mais essas ferramentas e informações certamente caminharemos para a construção de uma sociedade mais responsável e segura.

A autora Kelli Angelini, que há muitos anos vem tecendo diálogo com escolas, pais, tutores, crianças e adolescentes, já desenvolveu diversas ações e materiais que objetivam sensibilizar e esclarecer sobre a utilização responsável da internet. Por militar há tantos anos, seu diálogo com o público-alvo é claro e eficaz, e neste livro não seria diferente.

A conscientização sobre os perigos da internet é uma responsabilidade de todos. Somente unindo esforços é que garantiremos a segurança e os direitos de crianças e adolescentes. Munidos(as) de informações, teremos parâmetros para agir, ao mesmo tempo que formamos os cidadãos digitais do futuro. Boa leitura!

Marina Feferbaum
Professora da graduação e do mestrado profissional do curso de Direito e coordenadora do Centro de Ensino em Pesquisa e Inovação da FGV Direito SP.

SUMÁRIO

1 INTRODUÇÃO — 14

2 QUEM DISSE QUE LEI NÃO É ASSUNTO DE CRIANÇA E DE ADOLESCENTE? O QUE É UMA LEI? — 18

3 CRIANÇAS E ADOLESCENTES TÊM DIREITOS? LÓGICO QUE SIM — 22

4 QUEM TEM DE GARANTIR OS DIREITOS DAS CRIANÇAS E DOS ADOLESCENTES? — 30

5 O QUE ACONTECE SE ALGUÉM PRATICAR ALGO ERRADO CONTRA CRIANÇAS E ADOLESCENTES? — 32

6 CRIANÇAS E ADOLESCENTES TÊM DEVERES? — 34

7 O QUE ACONTECE QUANDO CRIANÇAS E ADOLESCENTES PRATICAM INFRAÇÕES NA INTERNET OU FORA DELA? — 36

    7.1 O que são infrações? — 37

    7.2 Medidas para proteger crianças e adolescentes — 39

    7.3 Medidas socioeducativas para adolescentes que praticaram infrações — 41

8 O QUE MAIS PODE ACONTECER COM QUEM PRATICA DE INFRAÇÕES? — 46

9 ONDE UMA CRIANÇA OU ADOLESCENTE PODE PEDIR AJUDA? — 50

10 O ECA VALE PARA O QUE ACONTECE NA INTERNET? — 52

11 APRENDENDO COM QUEM ERROU NA INTERNET: CASOS DO MAL 54

CASO 1: Adolescente sofre consequências por praticar fraude na internet para comprar *notebook* sem pagar 55

CASO 2: Adolescente que fez xingamentos e ameaças a uma garota, causando muito sofrimento 56

CASO 3: Adolescente fez ameaças de compartilhar indevidamente *nudes* de garota 57

CASO 4: Adulto que enganava criança pela internet para marcar encontro presencial 59

CASO 5: Divulgação indevida de *nudes* da ex-namorada por vingança 61

CASO 6: Utilização de imagem de criança SEM autorização para venda de serviços 62

CASO 7: Adolescente sofre consequências por praticar xingamentos, ofensas e atos de racismo na internet contra uma garota 63

CASO 8: Identificação da pessoa que criou perfil na Internet utilizado para xingar alunos e professores 64

CASO 9: Adulto faz perseguição virtual (*ciberstalking*) à ex-namorada adolescente 65

CASO 10: Divulgação e viralização de vídeo de duas adolescentes brigando à porta da escola (imagens constrangedoras divulgadas sem autorização) 66

CASO 11: Filmagem indevida de um garoto utilizando o banheiro 68

CASO 12: Professora que divulgou fotos de alunos em redes sociais sem autorização 70

CASO 13: Aluno de 17 anos tirou e postou foto de uma arma apontada para seu professor, enquanto este estava de costas escrevendo na lousa 71

CASO 14: Aluna xingou professora no WhatsApp 72

CASO 15: Emissora de TV que feriu os direitos de crianças e adolescentes 73

CASO 16: Adolescentes que fizeram montagem de foto e vídeo para xingar e ameaçar garoto ... 74

CASO 17: Garotas que criaram perfil falso no Instagram com logomarca da escola para xingar professores e alunos ... 74

CASO 18: Divulgação de meme para "trollar" garoto com mensagem racista ... 76

CASO 19: Homem de 40 anos finge ser criança no Instagram e marca encontro com criança de 8 anos ... 78

CASO 20: Homem passava-se por adolescente no TikTok para pedir *nudes* e ameaçar crianças ... 78

CASO 21: Garoto posta vídeo no TikTok fingindo beijo, recebe comentários com diversos xingamentos e comete suicídio ... 79

CASO 22: Após praticar *bullying* na escola, um grupo de adolescente combinou de bater em garoto e filmar as agressões para divulgar na internet ... 79

CASO 23: Garoto fez lives em rede social maltratando animais ... 80

CASO 24: *Youtuber* famoso faz postagens racistas, perde patrocínio de marcas e é processado por racismo ... 81

12 JOVENS QUE FIZERAM BOM USO DA INTERNET: CASOS DO BEM ... 84

CASO DO BEM 1: Menino de 8 anos arrecada dinheiro de doações na internet para ajudar pessoas que moram na rua ... 85

CASO DO BEM 2: Idosos dão aulas de inglês para brasileiros por videoconferência na internet ... 85

CASO DO BEM 3: Garoto cria canal no YouTube para dar dicas de estudos ... 86

CASO DO BEM 4: Garota de 13 anos cria canal no YouTube para ensinar matemática de forma descontraída e engraçada ... 86

CASO DO BEM 5: Garoto de 11 anos cria canal no YouTube para ensinar crianças e adultos a ganhar e investir dinheiro ... 87

CASO DO BEM 6: Por meio de canal no YouTube com mais de 35 milhões de inscritos, irmãos publicam vídeos divertidos e educativos para ajudar pessoas **87**

CASO DO BEM 7: Garota de 11 anos publica vídeos para conscientizar as pessoas sobre questões etnorraciais **88**

CASO DO BEM 8: Adolescente criou site de busca na internet e passou a ganhar R$ 15 mil por mês **88**

CASO DO BEM 9: Jovem de 17 anos começa a trabalhar pela internet e fica milionário **89**

CASO DO BEM 10: Para superar o preconceito por ter uma doença rara e contar sobre sua rotina, jovem cria fanpage e perfil no Instagram **89**

CASO DO BEM 11: Garoto cria navegador de internet fácil de usar e consegue 100 milhões de usuários em pouco tempo **90**

CASO DO BEM 12: Garoto apaixonado por livros cria perfil no Instagram para publicar resenhas de livros, tem 400 mil seguidores e muitas oportunidades **91**

CASO DO BEM 13: Indígena Alice Pataxó exerce importante influências sobre preservação da natureza e da cultura indígena nas redes sociais e entra na lista das 100 Mulheres mais Influentes e Inspiradoras de 2022 .... **91**

CASO DO BEM 14: Garoto de 8 anos cria site de venda de bolinhas de gude na internet e passa a vender para o mundo todo **90**

CASO DO BEM 15: Garoto de 11 anos aprende a fazer crochê em tutorial no YouTube, passa a divulgar suas ideias em redes sociais e vira "mestre do crochê" **93**

13 "TEXTÃO" FINAL **96**

REFERÊNCIAS **100**

1 INTRODUÇÃO

Uma garota de 13 anos procurou-me, após uma palestra que eu dei na escola em que ela estudava, para me contar que haviam criado um perfil no Instagram com o nome e a foto dela para xingá-la. Ela me pediu ajuda para descobrir quem era o autor e parar com as ofensas.

Numa outra escola, também durante uma palestra que dei, um garoto contou que já tinha marcado encontro presencial com um *gamer* que conheceu *online* e que foi até o local, mas, chegando lá, por não ver ninguém da idade dele, só adultos, voltou correndo para casa com medo do que poderia acontecer.

Num encontro que tive numa escola técnica, um jovem mostrou-me o *site* que estava criando para seu novo projeto de conectar adolescentes e empresas para que pudessem mais facilmente encontrar estágios e empregos.

Esses são apenas alguns casos reais que mostram o que crianças e adolescentes podem vivenciar com interações *online*. São situações de riscos e perigos, e também de muitas oportunidades.

Por que muita coisa (boa e ruim) acontece com crianças e adolescentes na internet? Porque 24 milhões de crianças e adolescentes no Brasil são usuários de internet, ou seja, 93% da população entre 9 e 17 anos. É muita criança, muito adolescente que frequenta a internet!

Estar na internet é como estar na rua — aqui nós chamamos de rua pública digital. Às vezes, quando saímos de casa, podemos viver muitas coisas legais, experimentar novas oportunidades, mas também podemos nos sentir sozinhos e sem proteção, e estar diante de riscos e perigos. Isso também acontece na internet, e por esse motivo este livro quer ajudar você a se proteger dos perigos *online*.

Pensando em proteção, no Brasil existe uma lei que garante a proteção das crianças e dos adolescentes na internet e fora dela. Essa lei diz que as **crianças e os adolescentes são muito importantes** e, por serem tão importantes, **merecem proteção e direitos especiais.**

Essa lei, que também cuida das coisas que acontecem na internet, se chama **Estatuto da Criança e do Adolescente** (Lei 8.069/1990), apelidada de ECA. Mas não é "eca" de nojo não. É um ECA legal (abreviação do nome da lei, Estatuto da Criança e do Adolescente).

O ECA é uma das leis mais importantes para as crianças e os adolescentes, porque obriga a todos a protegerem e cuidarem dos jovens. Ele especifica que **crianças são pessoas de até 11 anos de idade** e que **adolescentes são pessoas de 12 a 17 anos.** Essas idades são importantes, porque há deveres e direitos diferentes entre crianças e adolescentes. Mais para frente conversaremos sobre isso!

Crianças e adolescentes são pessoas que **ainda estão crescendo e aprendendo,** não são adultos, por isso merecem proteção de todas as pessoas e também merecem receber educação e ajuda. Crianças e adolescentes ainda não sabem de tudo: é ou não é? Estão aprendendo conforme crescem. Também não sabem se cuidar e se proteger sozinhos, por completo, e precisam do acompanhamento e proteção dos adultos.

Os adultos têm obrigação de cuidar e proteger as crianças e os adolescentes, e, se algum adulto causar algum mal para qualquer jovem, poderá sofrer punições. Está tudo escrito na lei!

Viu como o ECA é legal e importante para crianças e adolescentes?

Mas o ECA não fala só de proteção; essa lei também diz que crianças e adolescentes têm deveres (regras a cumprir) e consequências, se descumprem esses deveres.

Tudo que veremos aqui neste livro sobre a proteção dos direitos e os deveres das crianças e adolescentes vale em qualquer situação, na internet e fora dela.

Vamos lá?

2
QUEM DISSE QUE LEI NÃO É ASSUNTO DE CRIANÇA E DE ADOLESCENTE? O QUE É UMA LEI?

Antes de saber exatamente o que o ECA fala sobre a proteção das crianças e dos adolescentes, vamos falar sobre lei. Você sabe o que é uma lei?

Desde que nascemos (ainda usando fraldas) e durante a vida toda, seguimos regras e leis para viver bem com as pessoas (sem briga, treta, intriga).

Por exemplo:

• Temos as regras da nossa **casa,** que recebemos dos nossos pais e familiares, como arrumar a cama, não falar de boca cheia durante as refeições, dar descarga após ir ao banheiro, ser respeitoso, fazer lição de casa, estudar para as provas, não abrir a porta para estranhos, e muitas outras;

• Temos as **regras** da **escola** para que tudo corra bem durante o tempo em que os alunos estão lá e para que recebam educação e ensino, como jogar lixo no lixo, não correr no corredor, não gritar, fazer as atividades, não bater em ninguém, chegar no horário, e outras mais;

• Também temos as **leis** que são as regras para (bom) convívio entre as pessoas conhecidas e desconhecidas. Por exemplo, tem lei que obriga pai ou mãe a anotar no cartório (registrar) o nome de toda criança que nasce para que esta tenha a garantia de seus direitos. Tem lei que obriga a usar cinto de segurança enquanto o carro está em movimento para que as pessoas não se machuquem gravemente. Temos até leis que proíbem jogar lixo na rua para evitar a proliferação de doenças.

Veja a diferença. As **regras** são feitas por quem cuida de certo lugar; por exemplo, os pais fazem as regras da casa, o diretor da escola aprova as regras na escola, o administrador do *shopping center* autoriza as regras para lojas e para as pessoas que frequentam o local etc.

Já as **leis** são feitas por pessoas que trabalham no governo, e devem ser seguidas por todos: crianças, adolescentes e adultos. As pessoas que fazem as leis no Brasil são políticos eleitos pelos brasileiros que votam nas eleições. Você já ouviu falar de vereadores? Eles aprovam as leis que valem nas cidades. Tem os deputados estaduais, que cuidam das leis dos estados no Brasil; por exemplo, o deputado do estado da Bahia cria leis que valem dentro daquele território; e tem as leis que valem não só nas cidades ou nos estados, mas em todo o Brasil. Quem cuida destas leis são os deputados federais, os senadores e o presidente da República.

Vamos dar um exemplo para que você entender melhor:

Há uns 15 anos, não era tão comum usar cinto de segurança nos carros. Em acidentes, as pessoas ficavam muito machucadas ou até morriam porque o corpo delas se chocava com superfícies duras do carro ou elas eram jogadas para fora da janela. Então, um deputado federal apresentou um documento escrito, que se chama projeto de lei, com esta sugestão de obrigar todos a usarem cinto de segurança nos carros e proteger a vida das pessoas. Essa sugestão foi lida por outros deputados, e, depois de todos concordarem que ela era importante, a lei foi aprovada. Depois da aprovação dessa lei, todas as pessoas que vivem no Brasil e estejam dentro de um carro enquanto ele anda são obrigadas a usar o cinto de segurança; e, caso não usem, podem sofrer algumas punições, que já estão escritas na lei.

Entendeu como funciona a criação das leis?!

As leis servem para organizar a vida em sociedade, ou seja, fazer com que as pessoas consigam viver respeitando umas às outras e o ambiente onde vivem.

Existem vários tipos de leis. Algumas garantem a proteção de pessoas, como o ECA, que diz que é dever de todos proteger as crianças e os adolescentes. Mas também temos leis que dizem as consequências que as pessoas sofrerão, caso pratiquem infrações.

Temos uma lei chamada Código Penal, que fala sobre as consequências para quem pratica crimes, e, por exemplo, diz que quem roubar algo de outra pessoa pode ficar preso. Outro exemplo do Código Penal é que a pessoa que xingar alguém, causando mal a uma outra pessoa, pode praticar um crime que se chama injúria, e ter punições por isso.

Agora que você já sabe o que são leis e para que elas servem, vamos falar do Estatuto da Criança e do Adolescente, o ECA, para você saber quais são os direitos e deveres dos jovens. Isso é muito importante.

Vamos lá?

3
CRIANÇAS E ADOLESCENTES TÊM DIREITOS? LÓGICO QUE SIM

Você sabia que todas as crianças e os adolescentes têm **direitos garantidos em diversas leis? Elas dizem que você é importante e o protegem!** Vamos ver quais são alguns desses direitos?

> É dever da família, da sociedade e do Estado assegurar à criança, ao adolescente e ao jovem, com absoluta prioridade, o direito à vida, à saúde, à alimentação, à educação, ao lazer, à profissionalização, à cultura, à dignidade, ao respeito, à liberdade e à convivência familiar e comunitária, além de colocá-los a salvo de toda forma de negligência, discriminação, exploração, violência, crueldade e opressão.[1]

• **Direito à vida e à saúde.** Todas as crianças e os adolescentes devem ter seu nascimento e crescimento com saúde, proteção, diversão e alegria;

• **Direito à proteção.** É dever de todos proteger as crianças e os adolescentes e garantir que eles sejam tratados com respeito e não sofram desrespeito e violências em lugar nenhum, nem na internet. Crianças e adolescentes não devem ser xingados, ofendidos ou maltratados, e ninguém deve lhes causar machucados ou ferimentos, e não devem sofrer ameaças ou discriminação em redes sociais, WhatsApp, *games* ou outro ambiente. Podemos dizer que crianças e adolescentes devem viver em locais de respeito, proteção, educação e diversão;

• **Direito à liberdade.** Crianças e adolescentes podem ir e vir, correr, pular e brincar, desde que estejam em segurança e em locais e horários corretos;

• **Direito ao respeito.** Crianças e adolescentes devem ser tratados bem, com educação, paciência e gentileza. Direito ao respeito é ser protegido para estar em segurança, ter educação e alimenta-

---

[1] BRASIL. **Constituição da República Federativa do Brasil de 1988.** Brasília: Presidência da República, 1988. n.p. Disponível em: https://www.planalto.gov.br/ccivil_03/constituicao/constituicao.htm. Acesso em: 3 jul. 2023.

ção, poder brincar e se divertir, mas também não sofrer maus-tratos, não ser xingado, não ter sua imagem utilizada indevidamente etc.;

• **Direito a opinar, perguntar e conversar.** O ECA também diz que as crianças e os adolescentes têm o direito de **falar, comentar e dar sua opinião.** Esse direito garante que toda criança e todo adolescente pode não só falar o que pensa e sobre suas ideias e opiniões, mas pode também discordar de outras pessoas, desde que faça isso com respeito, sem ofensas ou xingamentos. Por exemplo, se um(a) adolescente vir um comentário que fizeram sobre o seu time de futebol no TikTok e não concordar, ele(a) pode dar sua opinião, mas com respeito e sem xingamentos!;

• **Direito à educação.** Crianças e adolescentes têm o direito de ser educados e de ir à escola. Devem estar matriculados e frequentar a escola (a partir dos 4 anos). Isso é importante não só para aprender lições de matemática, língua portuguesa e outras matérias, mas também para fazer amizades, brincar, trocar ideias etc.;

• **Direito à alimentação.** Outro direito que o ECA garante é de que as crianças não passem fome. Comer é muito importante para crescer e ter saúde. A alimentação, para a criança e o adolescente, é igual à gasolina de um carro: se o tanque do carro não tiver gasolina, ele vai parar; e, se a criança não receber alimentação saudável, ela não vai crescer e não terá saúde boa;

• **Direito à convivência familiar.** Toda criança e todo adolescente merecem ser criados e educados por sua família para terem amor, proteção, respeito, educação e bom crescimento. A família tem a obrigação de dar sustento (alimentos e roupas), educação (tanto ir à escola como educar em casa) e proteção aos filhos, assim como amor e carinho, por isso é tão importante que crianças e adolescentes estejam com a família.

- **Direito à privacidade.** Você já pensou que a escola que você frequenta, o hospital a que você vai quando está doente ou até mesmo o clube a que vai nadar têm informações sobre você? Nome, número do RG, nome dos seus pais, endereço onde você mora, sua idade, quantos quilos você pesa, alergias que você tem, remédios que você toma? São alguns exemplos do que esses lugares podem saber sobre você.

Dados e informações de crianças e adolescentes só devem ser utilizados ou divulgados por empresas, escolas ou governo se for para o bem, ou seja, para alguma coisa que precise desses dados, e sem prejudicar a criança ou o adolescente. Isso é o direito à privacidade e à proteção aos dados pessoais garantido por lei.

Por exemplo, ter a informação sobre uma doença de uma pessoa pode fazer com que uma empresa se recuse a contratá-la para um emprego ou até que uma escola se recuse a aceitá-la como aluna. Dados e informações sobre as pessoas são muito importantes e devem ser protegidos.

Vamos ver alguns outros exemplos para você entender melhor tudo isso:

O mercado Sol da Manhã precisa contratar um(a) novo(a) funcionário(a) para ajudar nas planilhas do estoque de mercadorias. A gerente Maria entrevista algumas pessoas e gosta muito de Laura, uma adolescente que está terminando o ensino médio. Laura conta durante a entrevista que estuda na escola estadual daquele mesmo bairro, e, por coincidência, a irmã de Maria (a gerente do mercado) é diretora naquela escola. Maria gostaria de contratar Laura, mas antes pede à sua irmã que passe todas as informações sobre notas e comportamento de Laura na escola. Infelizmente, Laura teve problemas familiares no último ano e não conseguiu tirar boas notas. Maria decide que, apesar de ter gostado muito de Laura, não a contrataria por ter tirado notas baixas na escola.

Esse exemplo mostra uma infração ao direito à privacidade e discriminação diante do mau uso dos dados pessoais da adolescente. As escolas devem guardar os dados de seus alunos, incluindo as notas, e só podem utilizar esses dados quando for necessário e para alguma coisa importante para o(a) aluno(a), nunca para prejudicá-lo(a) ou para passar essas informações a outras pessoas que não precisem ter acesso a elas.

Agora veremos outro exemplo comum na internet:

A loja de brinquedos Pula Brinquedos quer vender mais produtos neste ano e, para isso, criou um perfil no TikTok e começou a investigar o que as crianças curtem e compartilham. A loja faz vídeos pedindo para que as crianças comentem do que gostam de brincar, quais são suas cores favoritas, quais brinquedos gostariam de ganhar no Dia das Crianças, que valor os pais costumam gastar quando dão presentes para elas e até qual é o salário dos pais. Essas informações fornecidas pelas crianças ajudam a Pula Brinquedos a saber muito sobre elas e seus pais. Utilizando essas informações, a loja passa a criar vídeos com os brinquedos de que as crianças disseram que gostam mais e até dando dicas de como essas crianças podem convencer seus pais a comprar brinquedos lá. Além disso, a loja começa a fazer anúncios em games e no YouTube. Um garoto de 10 anos, chamado Carlos, que segue o TikTok da loja, começou a ver, antes e durante os vídeos no YouTube, anúncios da loja Pula Brinquedos. Agora Carlos só pensa em ganhar os brinquedos que quer ter e passa a chorar e brigar com seus pais para ter os brinquedos anunciados pela Pula Brinquedos.

Esses casos mostram que empresas, escolas, governo, ou qualquer pessoa que tenha acesso aos dados e às informações de crianças e adolescentes e suas famílias, podem usar esses dados para o bem, ou seja, para algo bom a eles, ou para fazê-los desejar comprar coisas, excluí-los de oportunidades ou até prejudicar os jovens.

Por isso é tão importante esse direito à privacidade e à proteção aos dados pessoais do ECA e de outras leis do Brasil.

- **Direito à proteção de sua imagem.** Qualquer pessoa tem direito de ter sua imagem não capturada e não divulgada. Isso vale para fotos ou filmagens do rosto ou do corpo. Esse direito também é garantido para as crianças e os adolescentes, ou seja, a imagem deles, em fotos ou vídeos, só pode ser utilizada com autorização dos pais e para coisas legais. Você deve estar pensando: "Mas e as fotos dos amigos tiradas pelo celular? Preciso mesmo pedir autorização para tirar a foto e postar na internet?" Sim, a pessoa precisa concordar, e a foto ou vídeo não deve causar constrangimento ou vergonha, senão virão consequências.

Viu como é importante esse direito?

Se não fosse ele, qualquer pessoa poderia filmar ou fotografar você em qualquer lugar e usar essa foto para lhe causar vergonha ou medo. Já imaginou quão constrangedor seria se a foto do seu rosto fosse utilizada em um comercial de TV de uma loja de fraldas infantis? Imagine também como seria constrangedor se alguém o filmasse no banheiro e divulgasse esse vídeo no YouTube.

Mas o que acontece se alguém divulgar sua imagem para coisas indevidas ou usar sua imagem sem autorização? Você verá, nos casos reais que trazemos no fim deste livro, que aquele que usa a imagem de crianças e adolescentes de maneira errada se dá muito mal.

E agora mais um direito superimportante para as crianças e os adolescentes:

- **Direito à proteção, à vida e à saúde.** Adultos não podem vender bebidas alcoólicas, armas ou produtos que causem problemas à saúde para crianças e adolescentes. Crianças e adolescentes também não devem acessar conteúdos impróprios para a idade deles na internet, como conteúdos de grande violência, drogas, sexo etc. Isso porque o acesso a conteúdos impróprios pode causar problemas de saúde mental, medo, ansiedade, depressão e outros.

Neste capítulo, aprendemos alguns direitos que estão escritos no ECA e em outras leis, mas existem muitos outros! Que tal pesquisar sobre seus direitos?

4 Quem tem de garantir os direitos das crianças e dos adolescentes?

A resposta é curta: a família, o governo, as escolas e as empresas. É dever de TODOS proteger as crianças e os adolescentes e garantir seus direitos.

Simples assim!

5
O QUE ACONTECE SE ALGUÉM PRATICAR ALGO ERRADO CONTRA CRIANÇAS E ADOLESCENTES?

Se qualquer pessoa (adulto, adolescente ou criança) não respeitar as leis que protegem as crianças e os adolescentes, colocando-as em risco e causando-lhes algum mal, essa pessoa sofrerá punições e consequências sérias, como veremos neste livro, por meio de casos reais.

O ECA e outras leis no Brasil obrigam os adultos, as empresas, as escolas e o governo a protegerem as crianças e os adolescentes, a garantirem seus direitos e a não causarem nenhum mal a eles.

Vocês crianças e adolescentes são muito importantes!

6
CRIANÇAS E ADOLESCENTES TÊM DEVERES?

Além dos direitos, todas as crianças e todos os adolescentes também têm de cumprir regras: isso se chama DEVERES. Você sabia disso? Vamos ver quais são esses deveres.

Na sua casa, você tem o dever de arrumar a cama, fazer a lição de casa, estudar para as provas: não é mesmo? Então, os deveres são obrigações que crianças e adolescentes devem cumprir para se dar bem, viver bem com outras pessoas e não causar mal a alguém, e vão muito além do arrumar a sua cama.

O ECA diz que crianças e adolescentes têm o **dever** de respeitar todas as pessoas, de obedecer aos familiares e aos educadores, de ir à escola e de estudar.

Esses deveres são importantes para que crianças e adolescentes aprendam a conviver em sociedade, sendo respeitados e respeitando a todos. Dessa forma, terão uma vida legal e poderão aproveitar as oportunidades para crescer, desenvolver-se e ter um bom futuro.

7
O QUE ACONTECE QUANDO CRIANÇAS E ADOLESCENTES PRATICAM INFRAÇÕES NA INTERNET OU FORA DELA?

Você deve estar se perguntando: **"Mas o que acontece se crianças e adolescentes não cumprirem as leis e fizerem algo errado?"**

O ECA diz que crianças e adolescentes, quando fazem algo errado, **não cometem um crime,** como os adultos (pessoas com 18 anos de idade ou mais), e não vão presos. Mas isso não significa que crianças e adolescentes podem fazer coisas erradas sem ter consequências. Não é bem assim não!

O ECA diz que, quando crianças ou adolescentes desobedecem uma regra, uma lei ou desrespeitam alguém, podem cometer infrações. Algumas vezes, podem sofrer consequências. Vamos explicar o que são infrações e essas consequências.

7.1 O que são infrações?

Infrações são atos praticados por crianças ou adolescentes que causam algum mal a algo ou alguém e que estão descritos no Código Penal como crimes. Um exemplo disso é quando um adulto rouba algo de alguém... Ele pode ser preso por isso, pois temos no Código Penal a descrição de que roubar é crime.

Mas e se o roubo for praticado por um adolescente?

Como dissemos, crianças e adolescentes não cometem crime e não vão para a prisão. Então, se uma criança ou um adolescente roubar algo de alguém, cometerá uma infração (e não um crime) e pode sofrer algumas consequências.

Essas consequências que crianças e adolescentes sofrem pelas infrações praticadas estão escritas no ECA e são chamadas de medidas <u>socioeducativas.</u>

Quer saber o que são essas medidas socioeducativas?

Se um adolescente praticou uma infração e a vítima (quem sofreu essa infração) levar essa situação para um juiz analisar, o adolescente não será preso, como um adulto, mas poderá ter de realizar uma medida socioeducativa. Quem dirá qual medida socioeducativa o adolescente terá de realizar é o juiz. Logo a seguir, mostrarei para você quais são essas medidas.

Mas antes vamos aos exemplos:

Marieta é uma adolescente de 13 anos que se envolveu em uma briga na rua de sua casa, com a vizinha Rita, de 14 anos. Marieta acabou machucando Rita, e a polícia foi acionada. Segundo o Código Penal, caso Marieta tivesse mais que 18 anos, ela poderia responder pelo crime de lesão corporal (machucar alguém) e ficar presa de três meses a um ano. Mas, como Marieta é adolescente, ela não será presa; vai sofrer outros tipos de medida, e isto será escolhido pelo juiz... Por exemplo, ajudar a fazer merenda escolar numa escola pública.

Outro exemplo:

Lucas tem 12 anos e adora redes sociais. Certo dia, ele estava assistindo a vídeos sobre seu time de futebol e apareceu o vídeo de um youtuber que torce para o time rival. Lucas ficou irritado e fez comentários racistas xingando e ofendendo o youtuber. Se Lucas fosse adulto, ele poderia ser preso pelo crime de difamação e de racismo, mas, como ele ainda não tem 18 anos de idade, o juiz aplicará uma medida socioeducativa a ele.

Podemos concluir que crianças e adolescentes, mesmo estando em fase de crescimento e aprendizagem, precisam cumprir os deveres previstos no ECA e pensar bem no que fazem, até mesmo na internet.

Agora vamos estudar sobre essas medidas socioprotetivas e socioeducativas de que falamos um pouco!

7.2 Medidas para proteger crianças e adolescentes

O ECA não é só uma lei, é um escudo de proteção das crianças e dos adolescentes. Esse escudo está descrito na lei como "medidas socioprotetivas".

Quando crianças ou adolescentes tiverem seus direitos ameaçados ou não respeitados, ou seja, quando estiverem em perigo e correndo risco de vida, de saúde ou de perder educação, qualquer adulto que saiba disso deve informá-lo ao Conselho Tutelar ou a um juiz.

Conselho Tutelar? Juiz? Vamos ver o que eles fazem e como podem ajudar as crianças e os adolescentes?

O Conselho Tutelar é um grupo de profissionais que trabalham para o governo e que usam os escudos de proteção das crianças e dos adolescentes (leis) para garantir que eles estejam protegidos e que tenham seus direitos respeitados. Toda cidade do Brasil tem um Conselho Tutelar. Na cidade em que você mora também!

Já os juízes que cuidam de casos envolvendo crianças e adolescentes não são os juízes que arbitram partidas de futebol não; são profissionais que trabalham para o governo na área da Justiça e que analisam situações em que crianças e adolescentes foram colocados em perigo ou que tenham praticado alguma infração, decidindo o que deve ser feito para protegê-los ou para reeducá-los, aplicando medidas socioeducativas ou socioprotetivas.

Vamos descobrir o que são essas medidas socioprotetivas?

• Quando o Conselho Tutelar ou o juiz perceberem que uma criança ou um adolescente não está sendo bem cuidado, eles podem pedir que os familiares ou quem cuida da criança ou do adolescente assinem um **documento de responsabilidade** prometendo que cuidarão bem da criança ou do adolescente.

Por exemplo, um vizinho informou ao Conselho Tutelar que uma garota de apenas 10 anos que mora ao lado da sua casa não está indo para a escola nem se alimentando direito por ficar o dia inteiro jogando *online* enquanto os pais saem para trabalhar. Os prejuízos para essa garota são grandes, pois ela deixará de ter educação escolar e ainda poderá ter problemas de saúde por ficar jogando demais. O Conselho Tutelar conversará com a família para que verifique a rotina da criança e seja mais acompanhada para voltar à escola, alimentar-se bem e jogar pouco tempo por dia para não ter problemas de saúde e para crescer bem. O Conselho tutelar fará a família assinar um documento prometendo que cuidará bem da garota.

• O Conselho Tutelar também pode **dar conselhos, ajudar e ficar de olho** em crianças e adolescentes, se souber que algo de errado está acontecendo com eles. Neste caso, o Conselho Tutelar fará algumas visitas à casa da criança ou do adolescente para saber se tudo vai indo bem e o que pode ser feito para eles estarem protegidos e longe de riscos e perigos.

• Lembra-se de que falamos que toda criança e todo adolescente têm direito de frequentar a escola? Então, os responsáveis têm o **dever de matriculá-los e levá-los para a escola**. Quando os responsáveis não estão cumprindo esse direito à educação, o Conselho Tutelar vai acompanhar essa família para que matricule e leve a criança ou o adolescente à escola.

• Caso uma criança ou um adolescente, por ter problemas de saúde ou passar por alguma situação difícil, precise de **tratamento**

médico ou psicológico, o Conselho Tutelar pode ajudar a família a levar a criança ou o adolescente à visita médica para que receba o acompanhamento e tratamento de que precisa.

Gostou dessas medidas de proteção previstas no ECA para cuidar das crianças e dos adolescentes? Esses são alguns exemplos de medidas protetivas que ajudam a protegê-los.

7.3 Medidas socioeducativas para adolescentes que praticaram infrações

"Socioeducativas"? Que palavra estranha, não é?

Socioeducativa quer dizer atividades para educar, ou seja, medidas socioeducativas são atividades recomendadas a adolescentes que praticaram infração para estimular esses jovens a não mais praticar esses atos e para que percebam as consequências da infração realizada. Entendeu?

Vamos agora ver algumas medidas socioeducativas?

a) Medida educativa leve

Advertência. É um AVISO, muito parecido com as advertências dadas nas escolas quando o aluno faz algo errado, mas neste caso um juiz chama a atenção do adolescente para que nunca mais cometa a infração, mostrando-lhe as consequências do que causou para outras pessoas e para ele mesmo.

b) Medidas médias

• **Obrigação de reparar o dano.** Quando a infração cometida pelo adolescente prejudica alguém ou algum espaço, o adolescente deverá consertar o que foi destruído ou danificado, se for possível. Por exemplo, se um adolescente entortou o portão da escola, o juiz solicitará a ele que ajude no conserto do portão;

• **Prestação de serviços à comunidade.** Para o adolescente que pratica um ato infracional grave, o juiz poderá pedir que ele preste serviços à comunidade sem receber nenhum dinheiro por isso. Esses serviços podem ser feitos em escolas, hospitais, orfanatos, asilos, praças públicas, entre outros.

Vamos ver um exemplo?

João tem 13 anos, praticou bullying e ciberbullying contra sua colega Carol. Ele xingou Carol de "porca", "orca" e "miss pig" no WhatsApp e, obviamente, fez sua colega sofrer muito. O juiz que cuidou do caso pediu que João realizasse serviços comunitários duas vezes por semana, durante seis meses. Diante da infração praticada e do sofrimento causado a Carol, ele terá de ajudar a preparar a merenda em uma escola pública perto de sua casa.

• **Liberdade assistida.** O adolescente que comete alguma infração grave, em que o juiz entenda que ele deva ser acompanhado, passa a receber visitas por um profissional do Conselho Tutelar. Ou seja, o adolescente receberá na sua casa visitas desse tutor do Conselho Tutelar para acompanhá-lo, orientá-lo e saber como o adolescente está se comportando e o que está fazendo. Caso o tutor note algo mais grave, poderá conversar com o juiz e este pensar em outras medidas.

c) Medidas muito graves

• **Regime de semiliberdade.** Por ter praticado uma infração grave contra alguém, o adolescente não terá mais a liberdade que sempre teve, ou seja, não poderá viver em sua casa com sua família, ou brincar com os amigos na rua etc. Durante os dias da semana (segunda a sexta), o adolescente ficará internado em uma instituição do governo, só saindo dela para ir à escola ou ao trabalho, devendo, depois da escola ou do trabalho, voltar para a internação. Nos fins de semana, o adolescente poderá visitar sua família;

• **Internação em estabelecimento educacional.** Essa é a medida mais grave do ECA e só é aplicada aos adolescentes que cometem infrações gravíssimas ou que venham repetindo muitas infrações graves.

Neste caso, por ter praticado uma infração muito grave, o adolescente não tem mais liberdade, não pode mais conviver com a família e os amigos nem ir à escola. Ou seja, o adolescente é retirado do convívio em sociedade e passa a viver por um tempo em uma instituição do governo ou casa de internação, e só pode receber visitas de vez em quando.

A internação em estabelecimento educacional geralmente é muito impactante na vida de um adolescente, por isso o juiz só pode aplicar essa internação se:

• O adolescente tiver realizado um ato de grave ameaça ou violência a alguém. Por exemplo, ameaçar matar uma pessoa, ou realizar um roubo e bater na vítima, causando graves ferimentos;

• Repetir várias vezes infrações graves. Por exemplo, um adolescente que, mesmo depois de ser alertado pelo juiz, continua praticando fraudes na internet e prejudicando muitas pessoas;

• O adolescente não cumprir as medidas que o juiz aplicou pela infração cometida, ou seja, se o adolescente já tiver praticado uma infração grave, o juiz tiver aplicado medida socioeducativa, mas o adolescente não a cumprir, mesmo sendo alertado várias vezes que deveria cumpri-la.

Você sabe quantos adolescentes no Brasil cumprem medidas socioeducativas? Será que são muitos? Veja este gráfico com dados do *Relatório da Pesquisa Nacional das Medidas Socioeducativas em Meio Aberto* realizada em 2018 pelo Ministério do Desenvolvimento Social[2].

TIPO DE MEDIDA POR REGIÃO

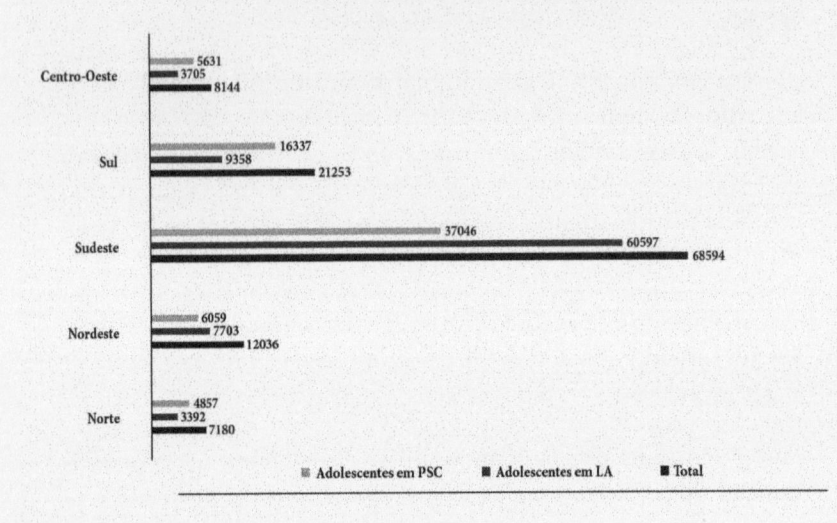

Região	Adolescentes em PSC	Adolescentes em LA	Total
Centro-Oeste	5631	3705	8144
Sul	16337	9358	21253
Sudeste	37046	60597	68594
Nordeste	6059	7703	12036
Norte	4857	3392	7180

*PSC, Prestação de Serviços Comunitários;
*LA, Liberdade Assistida.
Fonte: Brasil ([2018?], p. 12).

Somando os valores separados de LA e PSC temos um número superior, todavia os 117.207 correspondem a adolescentes e não ao número de medidas, lembrando que um adolescente pode estar cumprindo as duas.

---

[2] BRASIL. Ministério da Cidadania. Sistema Único de Assistência Social. **Relatório da Pesquisa Nacional das Medidas Socioeducativas em Meio Aberto no Sistema Único de Assistência Social**. *[S. l.]*: SUAS, [2018?]. Disponível em: https://www.mds.gov.br/webarquivos/publicacao/assistencia_social/relatorios/Medidas_Socioeducativas_em_Meio_Aberto.pdf. Acesso em: 3 jul. 2023.

8
O QUE MAIS PODE ACONTECER COM QUEM PRATICA INFRAÇÕES?

Você sabe o que mais pode acontecer quando uma criança ou um adolescente pratica uma infração?

Além das medidas socioeducativas que vimos, os responsáveis por uma criança ou um adolescente podem ter de **pagar indenização** para quem foi prejudicado ou sofreu algum dano devido à prática de uma infração. Esse é o jeito que a lei brasileira entende como forma de dar à vítima algo pelo sofrimento ou prejuízo vivido.

Indeniza o quê? O que é pagar indenização?

Pagar indenização significa ser obrigado a transferir um valor em dinheiro para alguém para reparar o sofrimento ou prejuízo vivido.

No caso de uma infração, alguém sofreu ou teve algum prejuízo com ela. Essa pessoa que sofreu é chamada de vítima, então o juiz que analisa o caso escolhe o valor que será pago, pensando no prejuízo ou sofrimento que a vítima teve. Se for um crime praticado por um adulto que causou sofrimento a outra pessoa, é o próprio adulto que precisará pagar a indenização. Caso seja uma criança ou um adolescente que praticou a infração que causou sofrimento, prejuízo ou estrago a algo ou alguém, são seus responsáveis que pagarão.

Veja este exemplo:

Mariana, uma garota de 17 anos, filmou sua amiga Giovana no banheiro da escola e divulgou o vídeo nos grupos de WhatsApp para "trollar" a amiga. Giovana ficou muito envergonhada com a exposição de sua imagem usando o banheiro e, além de ficar muito triste, não quis mais ir à escola nem sair de casa, e entrou em depressão. A família teve de pagar tratamento psicológico e remédios para ela, além de mudá-la de escola. Diante da infração praticada, do sofrimento causado à Giovana e dos gastos que a família teve com médicos e remédios, o juiz que analisou o caso determinou que os pais de Mariana pagassem indenização à vítima.

Já pensou o desapontamento dos responsáveis tendo de colocar a mão no bolso e usar um dinheiro que serviria para fazer compras no mercado, comprar roupas ou até fazer uma viagem nas férias para pagar indenização à vítima de uma infração cometida pela criança ou pelo adolescente?

Agora que você já viu os direitos e deveres das crianças e adolescente, sabe que é preciso agir bem em sociedade para termos um **convívio respeitoso** com as pessoas, **não causando mal a ninguém**, seja na internet, seja fora dela, e também para **não trazer consequências negativas para você mesmo**, sua família ou outra pessoa.

Que tal você levar essa informação para outras pessoas também? Você pode falar disso na sua casa e com seus amigos. Quanto mais adolescentes souberem disso, melhor será para todos!

9
ONDE UMA CRIANÇA OU ADOLESCENTE PODE PEDIR AJUDA?

Você sabe ONDE PEDIR AJUDA OU DENUNCIAR ALGO ERRADO, SE VOCÊ FOR VÍTIMA OU VIR ALGUMA CRIANÇA OU ADOLESCENTE SENDO VÍTIMA?

Se tiver problemas *online* ou em qualquer outro lugar, você pode pedir a ajuda de um adulto de sua confiança, sejam seus pais, seja algum outro familiar, ou alguém na sua escola, para o apoiar e orientar.

Mas há também canais em que crianças e adolescentes, sendo vítimas de algo errado ou sofrendo alguma violência, podem pedir orientação ou denunciar. São eles:

• **Disque 100 (por telefone).** Esse número é do Disque Direitos Humanos. É só discar 100 no seu telefone e contar para a pessoa que o atender o que está acontecendo. O profissional vai ajudar você;

• **Conselho Tutelar.** Você pode pesquisar no Google o número do WhatsApp ou do telefone do Conselho Tutelar da sua cidade;

• *Site* **de ajuda sobre segurança digital da SaferNet.** É só acessar o *"Helpline"* no link https://canaldeajuda.com.br/helpline e pedir orientação por *e-mail* ou por *chat*.

10
O ECA VALE PARA O QUE ACONTECE NA INTERNET?

O ECA e outras leis brasileiras valem na internet? As leis também protegem crianças e adolescentes no virtual?

Diante de tudo o que você já leu neste livro, já sabe que as leis também valem para o que acontece na internet, não é mesmo?

Hoje em dia, fazemos quase tudo pela internet! Falamos com amigos e familiares, postamos fotos e vídeos, pesquisamos, estudamos, compramos, jogamos, assistimos e nos divertimos.

Ao estar na frente da tela, pode parecer que a internet é um lugar de crimes, e até dá coragem de fazer coisas erradas, de se vingar de alguém, de tratar alguém mal, ameaçar e xingar, achando que nada vai acontecer. Mas as leis brasileiras, inclusive o ECA e várias outras, também valem para o que acontece na internet.

Isto quer dizer que crianças e adolescentes são protegidos na internet e também têm de se comportar com respeito no mundo digital.

Se um adolescente for xingado em um grupo de WhatsApp ou numa rede social, isso é crime? Sim. Xingar e ofender alguém na internet pode caracterizar crime, e quem pratica sofrerá as consequências.

As infrações praticadas *online* também trazem consequências. Por isso devemos ser respeitados em todos os ambientes e devemos agir com respeito em qualquer lugar.

11
APRENDENDO COM QUEM ERROU NA INTERNET: CASOS DO MAL

Agora vamos ver a parte mais legal deste livro. Citaremos várias histórias reais sobre crianças, adolescentes e adultos que se deram mal na internet, e depois vamos ver os casos de crianças e adolescentes que se deram muito bem na internet.

Os casos que serão contados aqui foram adaptados para que você entenda melhor a história deles. A maioria dos respectivos nomes dos jovens envolvidos nesses casos foi alterada para protegê-los.

VAMOS APRENDER COM QUEM ERROU.

CASO 1: ADOLESCENTE SOFRE CONSEQUÊNCIAS POR PRATICAR FRAUDE NA INTERNET PARA COMPRAR NOTEBOOK SEM PAGAR

Marcelo, um adolescente de 16 anos, praticou uma fraude na internet, ou seja, enganou e mentiu para uma pessoa a fim de conseguir alguma coisa dela. Marcelo pesquisou no Mercado Livre e viu um anúncio de uma pessoa que estava vendendo um *notebook* usado a R$ 2.400. Ele mandou mensagem, pela plataforma do Mercado Livre, para a vendedora do *notebook* pedindo informações sobre a marca e o modelo do computador e, também, pediu o *e-mail* dela para conversarem mais. Logo em seguida, Marcelo criou um *e-mail* falso em nome do Mercado Livre e enviou uma mensagem à vendedora passando-se pelo Mercado Livre e dizendo que o *notebook* tinha sido vendido, que o pagamento já tinha sido feito e pedindo para a vendedora enviar o *notebook* ao comprador. Dias depois o *notebook* chegou à casa de Marcelo, mas a vendedora não recebeu o dinheiro. Ela reclamou no Mercado Livre, quando descobriu que foi vítima de enganação por parte de Marcelo. A vendedora foi até uma delegacia de polícia e fez o boletim de ocorrência para informar às autoridades que foi vítima de fraude. Na delegacia foi feita uma investigação para identificar quem praticou a infração (fraude), descobrindo-se que era Marcelo. O caso foi encaminhado ao juiz para analisar a infração que Marcelo cometera e as consequências que seriam aplicadas a ele. O juiz, observando a gravidade da infração e os prejuízos financeiros causados à vendedora, obrigou a família de Marcelo a pagar à vítima o valor de R$ 2.400, que foi o preço do *notebook* que recebera. Além disso, pediu que o adolescente prestasse serviços comunitários em um hospital público próximo à sua casa, sem receber dinheiro por isso, durante seis meses.

Comentários: Quem pratica crimes ou infrações na internet pode achar que não será descoberto e que não terá consequências, afinal está escondido atrás de um equipamento e não frente a frente com alguém. Esse caso real nos mostra que a internet não é uma terra sem lei, e que é possível investigar e aplicar consequências a quem pratica crimes e infrações *online*. Além disso, não podemos deixar de observar os prejuízos e aborrecimentos sofridos pela vendedora do *notebook* ao cair nesse golpe e não receber o dinheiro do equipamento enviado. A prática de um golpe faz com que uma pessoa (vítima) seja enganada e tenha prejuízos financeiros, por isso, antes de fazer qualquer coisa na internet, precisamos pensar também nas outras pessoas para não fazer com elas o que não gostaríamos que fizessem conosco.

CASO 2: ADOLESCENTE QUE FEZ XINGAMENTOS E AMEAÇAS A UMA GAROTA, CAUSANDO MUITO SOFRIMENTO

Diego, um adolescente de 15 anos, tentou iniciar um namoro com Bruna, uma garota de 14 anos que estuda na mesma escola que ele. Mas ela não aceitou. Diego ficou frustrado e enviou a ela, pelo WhatsApp, diversas mensagens de áudio e texto com xingamentos, palavrões e ameaças graves, dizendo que bateria nela e a mataria. Enviou também uma mensagem com fotos de armas, dizendo *"Te vejo amanhã para acabar com você"*. Esses xingamentos e ameaças causaram grande sofrimento e medo a Bruna e sua família. Os pais de Bruna, diante das ameaças e do medo do que poderia acontecer, foram a uma delegacia informar sobre o que estava acontecendo. Após a investigação do caso e análise pelo juiz, Diego, que cometeu essas infrações contra a garota, sofreu a aplicação de medida de internação em estabelecimento educacional, tendo de se afastar do convívio da família, dos amigos e da escola por um tempo.

Comentários: Alguns adolescentes acham que podem xingar, ofender e ameaçar pessoas na internet, e que nada vai acontecer. Aliás, alguns adolescentes dizem que xingamentos e ameaças são apenas "brincadeiras". Porém, uma mensagem ameaçando a vida de alguém ou xingando, faz essa pessoa sofrer, ficar triste, com medo, e pode até causar consequências piores.

Por outro lado, vimos nesse último caso que o adolescente que praticou a ameaça, um ato bastante grave, acabou sofrendo consequências, tendo de ir para uma casa de internação. O objetivo da medida adotada pelo juiz não foi castigar o adolescente, mas sim reeducá-lo para não mais cometer essa ou outra infração novamente.

CASO 3[3] : ADOLESCENTE FEZ AMEAÇAS DE COMPARTILHAR INDEVIDAMENTE NUDES DE GAROTA

---

[3] Caso acompanhado em escola particular na cidade de São Paulo em atendimento e consultoria jurídica à família da vítima.

Manu, uma garota de 15 anos, durante o namoro com Alan, um garoto da mesma idade, enviou *nudes* (fotos íntimas) a ele, pedindo que ele não as enviasse a ninguém. O namorado prometeu que não faria isto, mas quebrou a promessa e encaminhou os *nudes* a amigos da escola. Um desses amigos, Pedro, recebeu as fotos da garota e passou a ameaçá-la, obrigando-a a se encontrar com ele, senão ele divulgaria os *nudes* dela no Instagram e as enviaria aos grupos de WhatsApp da escola. Manu ficou com medo do vazamento dos *nudes* e, com muita vergonha de ter sua intimidade exposta para amigos e familiares, passou a fazer o que Pedro a obrigava, encontrando-se com ele em sua casa. Manu, após algum tempo, e diante de tanto sofrimento que estava vivendo ao ser chantageada por Pedro, isolou-se, não saía do quarto, não conseguia ir para a escola nem sair de casa. A família, diante do isolamento e da tristeza da garota, suspeitou que algo estava acontecendo e tentou descobrir informações. Uma amiga da garota, que estava sabendo do ocorrido, contou à família que Manu estava sofrendo ameaças por parte de Pedro devido aos *nudes* encaminhados ao namorado. Os pais da garota não só deram todo o amparo e carinho a ela, como também comunicaram o que estava acontecendo na delegacia de polícia. As infrações praticadas por Pedro foram analisadas pelo juiz que cuidava do caso, e o juiz não só aplicou medida de prestação de serviços comunitários para que Pedro ajudasse a limpar praça pública, como também obrigou que o garoto fosse acompanhado por um membro do Conselho Tutelar. Os pais de Pedro foram obrigados a pagar indenização à vítima, diante do sofrimento que o filho causou a ela. Alan, o ex-namorado, também sofreu consequências por ter compartilhado o *nudes* indevidamente.

Comentários: Uma foto ou um vídeo, quando enviado a alguém, pode ser compartilhado sem autorização da pessoa que o enviou, mesmo que não seja certo. Ou seja, uma vez que uma pessoa envie uma foto a alguém, ela perde o controle sobre quem verá ou receberá a foto. Por isso, é essencial refletir sobre as consequências do envio e compartilhamento de fotos ou vídeos seu e de outras pessoas, íntimos ou não. Além disso, é importante prestar atenção no sofrimento decorrente do vazamento de *nudes* (fotos e vídeos íntimos). Garotas geralmente são vítimas de vazamento de *nudes* e sofrem muito, pois têm sua intimidade compartilhada, contra sua vontade, com amigos e familiares.

Desse último caso, retiramos alguns ensinamentos para pensar:

• Uma foto ou um vídeo enviado corre o risco de ser compartilhado, mesmo sem autorização da pessoa que o enviou;

• Antes de enviar uma foto ou um vídeo, pense em como você se sentiria se esses arquivos fossem compartilhados com outras pessoas;

• Pense bem antes de atender a pedidos de namorados(as) para envio de *nudes*; essa pessoa pode compartilhá-los sem sua autorização;

• Namoro legal não precisa do envio de *nudes*. *Nudes* não farão a pessoa gostar mais ou menos de você;

• Recebeu fotos íntimas de alguém? Nunca as compartilhe! Lembre-se de que o compartilhamento indevido de *nudes* é uma infração e de que existem consequências, além de causar muito sofrimento à pessoa exposta.

CASO 4: ADULTO QUE ENGANAVA CRIANÇA PELA INTERNET PARA MARCAR ENCONTRO PRESENCIAL

Romeu, um adulto, criava perfis falsos no Facebook e no Instagram e mentia sobre sua idade dizendo que era um adolescente. Ele conversava em "pvd" (mensagens privadas) com crianças e adolescentes na internet procurando virar seu "amigo virtual". Depois de algum tempo de conversa, Romeu ameaçava as crianças e os adolescentes e obrigava-os a enviar fotos íntimas (*nudes*) a ele. Algumas crianças e alguns adolescentes ficavam com medo e enviavam as fotos e os vídeos íntimos pedidos por Romeu. Por ter praticado os crimes de constranger ou ameaçar crianças a realizar atos íntimos ou sexuais e salvar fotos e vídeos com imagem íntima de criança ou adolescente, Romeu, o cibercriminoso, foi condenado e preso.

Comentários: Cibercriminosos aproveitam-se da inocência de crianças e adolescentes para fazer "amizades", ganhar a confiança deles e depois tentar praticar ameaças e outros crimes *online*. Alguns cibercriminosos, quando pegos pela polícia, contaram que, para ganhar a confiança de crianças e adolescentes e enganá-los, investigaram do que estes gostam na internet e colocam em seus respectivos perfis uma foto de um adolescente. Não dá para confiar em todas as pessoas que conversam ou jogam na internet, então fique esperto(a), desconfie.

Então, o que fazer para evitar ser vítima de cibercriminosos?

• Lembre-se de que a internet é um ambiente público em que qualquer pessoa, boa ou ruim, pode estar;

• Desconfie! Pessoas mal intencionadas podem se camuflar atrás de fotos falsas para atrair suas vítimas na internet;

• Evite ter amizades ou conversar sobre sua vida, local onde mora, onde estuda com pessoas que você só conhece *online*;

• Se você tiver rede social, configure seu perfil para "conta privada" e não aceite qualquer pessoa como amigo ou seguidor;

• Em jogos digitais, evite conversas em chats privados com pessoas que você não conhece presencialmente e não passe informações sobre sua vida a jogadores;

• Conte com sua família para o ajudar, caso algo estranho aconteça com você na internet. Se alguém o ameaçar ou lhe mandar alguma mensagem ruim, conte imediatamente para um adulto da sua confiança. Esse adulto vai proteger e ajudar você a parar quem está o incomodando.

CASO 5: DIVULGAÇÃO INDEVIDA DE NUDES DA EX-NAMORADA POR VINGANÇA

Bela, uma garota de 16 anos, enviou fotos íntimas a Antonio, seu namorado de 18. Depois do término do relacionamento, Antonio resolveu se vingar: criou um perfil falso no Instagram com o nome "Rainha do *Nudes*" e postou as fotos íntimas de Bela lá. Antonio também criou um grupo no WhatsApp com mais de 20 pessoas conhecidas por Bela e compartilhou as fotos íntimas dela. Uma amiga de Bela viu os *nudes* postados no Facebook e avisou a mãe dela. A mãe conversou com Bela, que contou que, durante o namoro, Antonio tinha pedido a ela que enviasse *nudes* e ela atendeu o pedido dele. Bela, devido à exposição de seus *nudes*, não conseguia mais sair de casa, não foi mais para a escola, chegando até a repetir de ano. O caso foi levado ao juiz, que reconheceu que Antonio, já adulto, praticou crime de divulgação de imagens íntimas de adolescente e aplicou a ele a pena de prisão de três anos, além do pagamento de R$ 4 mil.

Comentários: A expressão da sexualidade na internet com consentimento é permitida, desde que a pessoa tenha mais de 18 anos. Ou seja, enviar *nudes* não é proibido e não é crime para maiores de 18 anos. Porém, quando ocorre a divulgação de *nudes* sem permissão, aí é crime.

Você já pensou sobre por que divulgar *nudes* sem autorização é crime, segundo a lei?

Divulgar *nudes* sem permissão é crime por causar exposição, vergonha, humilhação, sofrimento e trazer sérios danos emocionais à vítima. Essa divulgação é uma violência que fere a intimidade da vítima e também gera outros prejuízos, além dos danos emocionais, como: baixo rendimento ou perda do ano escolar, pois uma criança ou um adolescente que tem *nudes* espalhados a colegas na escola não quer mais frequentar o ambiente escolar por vergonha. Por essa razão, a lei diz que quem divulga *nudes* sem permissão está cometendo crime e sofrerá punições por isso.

O que fazer quando uma pessoa próxima a você for vítima de vazamento de *nudes*? Caso algum dia você esteja próximo a uma pessoa que foi vítima de vazamento de *nudes*, lembre-se de apoiar essa pessoa, de recordar-lhe que ela não é culpada de nada, de recomendar que ela procure a ajuda de um adulto e também de um profissional da área da saúde, um psicólogo. Essa pessoa é vítima de um crime e merece ser acolhida Além disso, converse com seus amigos sobre quão perigoso é divulgar fotos íntimas ou constrangedoras de outras pessoas, e que isto tem consequências. É sempre bom pensar no outro, refletir sobre o que uma postagem pode acarretar para outras pessoas.

Além disso, em alguns casos de vazamento de *nudes*, as garotas que têm *nudes* compartilhados contra sua vontade acabam sendo criticadas por alguns que dizem que isso só acontece por culpa delas, por elas terem enviado os *nudes*. Acontece que, em situações como essas, a garota que tem seus *nudes* compartilhados indevidamente é vítima, ela não é culpada pelo compartilhamento indevido. A vítima merece ser acolhida e protegida. Lembre-se sempre disto.

CASO 6: UTILIZAÇÃO DE IMAGEM DE CRIANÇA SEM AUTORIZAÇÃO PARA VENDA DE SERVIÇOS

A mãe de Marina, uma criança de 2 anos, contratou uma empresa de fotografia para tirar fotos na festa de aniversário da filha. Algum tempo depois, a mãe viu que a foto da filha estava sendo utilizada na internet pela empresa de fotografias para divulgar seus serviços. A mãe, como não tinha autorizado a utilização da imagem de sua filha para fazer propaganda da empresa de fotos, foi até a empresa pedir para não utilizarem mais as fotos de Marina, mas a mãe verificou que a foto da filha também estava sendo utilizada dentro da empresa, em envelopes, canecas, canetas e outros produtos que a empresa vendia na internet. Diante da utilização sem autorização da imagem da filha, os pais levaram o caso ao juiz, que proibiu a empresa de utilizar a foto de Marina e obrigou a empresa a pagar R$ 5 mil de indenização.

CASO 7: ADOLESCENTE SOFRE CONSEQUÊNCIAS POR PRATICAR XINGAMENTOS, OFENSAS E ATOS DE RACISMO NA INTERNET CONTRA UMA GAROTA

Valentina, uma adolescente de 15 anos, para se tornar mais popular na escola, num grupo do WhatsApp xingou Leticia, uma colega da mesma sala, chamando-a de "macaca", "perneta", "manqueta", "preta" e "bruxa", e ainda a ameaçou dizendo: "Você está confiando que sua mãe e sua maninha vão te defender? Você vai morrer". Letícia é uma pessoa com deficiência física na perna e sempre era alvo de piadinhas maldosas por parte dos colegas de sala, mas dessa vez sofreu ainda mais pelos xingamentos feitos a ela por Valentina e pela ameaça de morte. O caso foi estudado pelo juiz, e este pediu que Valentina prestasse serviços comunitários por seis meses em escola pública e, ainda, deu o aviso de que, se ela voltasse a praticar a infração, seria aplicada uma medida de privação de liberdade, internando-a em uma casa de detenção. Além disso, os responsáveis por Valentina foram obrigados a pagar indenização (entregar uma quantia em dinheiro) para a família de Letícia, a vítima, como forma de reparação pelo sofrimento que viveu.

Comentários: Veja que quem pratica xingamentos e ameaças na internet ou fora dela faz alguém sofrer. Nesse caso, a garota que foi vítima dos xingamentos é uma pessoa com deficiência física, o que não é motivo para permitir que ninguém deboche dela, muito menos que faça piadinhas maldosas ou xingamentos.

Já Valentina, a adolescente que fez os xingamentos fazendo Letícia sofrer, além das consequências aplicadas pelo juiz, acabou tendo uma outra consequência muito ruim: teve seu nome divulgado na internet como infratora e terá de lidar com as sequelas disto quando for adulta. Porém, o ECA diz que o nome de crianças e adolescentes que praticam infrações não deve ser divulgado, portanto quem fez essa divulgação do nome de Valentina também descumpriu a lei e prejudicou Valentina. Ou seja, esta também foi vítima de uma infração.

CASO 8: IDENTIFICAÇÃO DA PESSOA QUE CRIOU PERFIL NA INTERNET UTILIZADO PARA XINGAR ALUNOS E PROFESSORES

Professores e alunos de uma escola no estado de Santa Catarina passaram a ser xingados de palavrões muito feios em um perfil anônimo no Instagram. Todos queriam saber quem estava praticando os xingamentos, mas o nome do perfil não permitia saber quem era a pessoa que estava fazendo as ofensas. Os diretores da escola ficaram preocupados com a situação de ver seus professores e alunos sendo ofendidos e do mau exemplo aos outros alunos, por isso relataram o caso à Delegacia de Proteção à Criança, ao Adolescente e à Mulher. Por meio da investigação de informações do perfil no Instagram, ou seja, de dados técnicos que registraram quem fez as ofensas, foi possível descobrir a aluna que estava fazendo os xingamentos. A aluna, uma adolescente de 13 anos, foi expulsa da escola. O processo judicial que analisa a infração praticada por Maria ainda não terminou, e a adolescente ainda não sabe quais serão as consequências que receberá, além da triste notícia de ter de sair da escola.

Comentários: Quando ligamos o computador ou usamos o celular, parece que tudo funciona como mágica, não é mesmo? Mas não é mágica, não. Para a internet funcionar em qualquer computador ou celular, há uma grande organização técnica que não só garante o acesso à internet, mas também guarda dados de quem a acessa.

Só é possível acessar a internet porque há uma estrutura de redes, cabos, fios e conexões. A internet é a ligação de equipamentos conectados. Toda vez que alguém está conectado à internet em casa, está usando a estrutura que liga o mundo todo. Para a internet funcionar, é necessário que uma empresa dê o acesso à internet, o que é chamado de provedor de acesso, e essa empresa tem por obrigação guardar os dados dos equipamentos que se conectam à internet. Esses dados são armazenados automaticamente pelos equipamentos do provedor que fornece o acesso à internet na sua casa ou no seu celular e ficam guardados por um tempo. Ou seja, sempre que uma pessoa usa a internet de seu equipamento, os dados da conexão à internet são guardados e podem ser utilizados para investigações judiciais ou policiais, caso seja necessário.

CASO 9: ADULTO FAZ PERSEGUIÇÃO VIRTUAL (CIBERSTALKING) À EX-NAMORADA ADOLESCENTE

Dudu, um jovem de 19 anos, após o término do namoro com Paula (de 17 anos), passou a perturbar a garota pelo WhatsApp, causando sofrimento e tirando o sossego de sua ex-namorada. O ex-namorado ligava várias vezes para xingá-la e enviava muitas mensagens com palavrões pelo WhatsApp. Numa delas, Dudu ameaçou-a e chamou-a de "vagabunda". O garoto também passou a persegui-la em redes sociais, fazendo comentários ruins em suas postagens e falando mal dela para os amigos e os familiares. Diante do sofrimento e do medo por que Paula estava passando, os pais de Paula levaram o caso ao juiz. Após analisar o ocorrido, o juiz condenou Dudu, que já era adulto, pelos crimes de perseguição e perturbação da tranquilidade de Paula, com punição de prisão, e também obrigou o jovem a pagar indenização à ex-namorada pelo sofrimento e pelo mal causados a ela.

Perseguição na internet causa medo, preocupação e sofrimento, então não se deve praticar esse ato contra outras pessoas. Caso alguém a pratique contra você, é importante procurar imediatamente a ajuda de um adulto.

CASO 10: DIVULGAÇÃO E VIRALIZAÇÃO DE VÍDEO DE DUAS ADOLESCENTES BRIGANDO À PORTA DA ESCOLA (IMAGENS CONSTRANGEDORAS DIVULGADAS SEM AUTORIZAÇÃO)

Miguel, um adolescente de 13 anos, filmou Jéssica e Vanessa brigando na saída da escola e divulgou o vídeo da briga delas nas redes sociais e em grupos de WhatsApp de alunos daquela escola. O vídeo da briga viralizou e virou o meme "Já acabou, Jéssica?". O vídeo passou a ser mostrado em *sites*, canais no YouTube e redes de TV. A Jéssica, ao voltar para a escola no dia seguinte, passou a ser "zoada" e xingada pelos alunos. Diante de tantos comentários por onde ela passava e dos xingamentos que estava sofrendo, Jéssica caiu em depressão, não conseguia mais ir à escola nem sair de casa. A família das duas garotas pediu ajuda para a Justiça para que punisse o adolescente que fez a filmagem e também as empresas que compartilharam o vídeo e ajudaram a divulgar a briga indevidamente. Miguel precisou prestar serviços comunitários, e seus pais foram condenados a pagar indenização para as garotas. Já as empresas que mostraram o vídeo também foram condenadas a pagar indenização por compartilhamento de imagens constrangedoras das adolescentes.

Comentários: Quando se envia algo pelo WhatsApp ou se publica algo na rede social (Instagram, TikTok ou outra), você tem controle sobre o que publicou? Ou seja, você pode escolher quem vai ver e compartilhar seu conteúdo? A resposta é não!!!!

Quando se publica algo na internet, todos podem acessar, copiar, baixar, compartilhar e até editar. Essa é a realidade da internet. Por isso, quando se publica algo em redes sociais ou em *sites*, ou quando se envia algo pelo WhatsApp, é preciso lembrar que, a partir do envio, quem recebe pode fazer o que quiser e quem envia não terá mais controle sobre aquilo. Claro que há consequências para quem envia, edita ou compartilha sem autorização, como já vimos aqui.

Veja alguns exemplos de outras situações que podem parecem seguras, mas não são:

• Ter perfil privado no Instagram garante o controle dos vídeos postados? Ter perfil privado em redes sociais é uma ótima maneira de limitar quem terá acesso às postagens do perfil, ou seja, impede que qualquer pessoa veja tudo o que está sendo postado. Porém só garante que o dono do perfil poderá aceitar quem vai segui-lo: após se tornar seguidora, qualquer pessoa que segue o perfil pode usar o conteúdo postado da forma como quiser;

• Visualização única no WhatsApp para fotos ou vídeos garante que ninguém poderá compartilhá-los? A visualização única no

WhatsApp é uma ótima opção para enviar arquivos rápidos, que não ficam disponíveis por muito tempo. Porém, nem sempre uma foto ou um vídeo enviado com visualização única garante segurança de que ninguém vai compartilhá-lo, pois qualquer pessoa pode gravar a tela do celular ou tirar uma foto por meio de outro celular e compartilhá-la. Se for um segredo ou algo íntimo, tome muito cuidado ao compartilhá-lo.

CASO 11: FILMAGEM INDEVIDA DE UM GAROTO UTILIZANDO O BANHEIRO

Felipe, um garoto de 11 anos que estava fazendo suas necessidades fisiológicas no banheiro da escola, ouviu um barulho à porta do banheiro e percebeu que tinha alguém com o celular o filmando pelado. Imediatamente este abriu a porta, viu que era Bernardo que o filmava e gritou para ele entregar o celular e apagar o vídeo, mas Bernardo saiu correndo. Felipe foi à diretoria da escola para contar o que tinha acontecido, e Bernardo foi chamado também. Bernardo contou à diretora que fez a filmagem para "brincar" com Felipe e confessou que já tinha filmado outros alunos usando o banheiro. Felipe estava desesperado, com medo de a sua imagem usando o banheiro ser compartilhada na escola, e pediu chorando para que fosse apagada. Bernardo pegou o celular e, na frente da diretora, apagou o vídeo, dizendo que o não tinha enviado a ninguém. Devido à gravidade do ocorrido e das consequências, as respectivas famílias dos alunos envolvidos foram chamadas à escola. A diretora, seguindo as regras do regimento escolar, aplicou a expulsão de Bernardo do colégio. A família de Felipe disse que analisaria a situação e decidiria se levaria o caso para o juiz.

Comentários: Já vimos que o uso sem autorização de imagens de crianças e adolescentes é crime e pode gerar consequências gravíssimas. Porém, não podemos esquecer que o constrangimento e a vergonha de ter a imagem íntima divulgada para amigos da escola são enormes. "Trollar" alguém pode parecer uma brincadeira, mas não é. Aliás, o significado da palavra "trollagem" (que vem do inglês *trolls*) é humilhar, insultar e perseguir. Portanto, filmar alguém em uma situação vergonhosa ou constrangedora não é brincadeira, é humilhação e causa sofrimento.

Você pode, com base no conhecimentos que está tendo com este livro, começar a notar a diferença entre brincadeiras com amigos e "trollagens" ou infrações. Toda criança e todo adolescente podem fazer brincadeiras com seus amigos e até falarem coisas engraçadas na internet, desde que isso não cause vergonha, constrangimento e humilhação a outra pessoa.

E qual é o melhor jeito de saber se é uma brincadeira ou se está passando dos limites?

• Veja se a pessoa com quem você está brincando está gostando ou não da brincadeira. Se ela estiver chateada, constrangida ou com vergonha, pare;

• Pense "E se fosse comigo?" Você gostaria, por exemplo, que alguém filmasse você no banheiro e divulgasse o vídeo na escola? A resposta obviamente é não, não é mesmo? Então, assim como ninguém deve fazer isso com você, você também não deve fazer isso com ninguém;

• Perceba que atitudes respeitosas, sem expor ou ofender alguém, são brincadeiras saudáveis, e isso inclui diversão, risadas, bate-papo legal;

• Na dúvida, não faça. Se você quer fazer uma brincadeira com alguém e está em dúvida se seria ruim ou não, se a pessoa ficaria chateada ou não, não faça.

CASO 12: PROFESSORA QUE DIVULGOU FOTOS DE ALUNOS EM REDES SOCIAIS SEM AUTORIZAÇÃO

Sandra, uma professora da educação infantil de uma escola particular, tirava fotos de seus alunos durante as aulas e divulgava-as em seu perfil no Facebook sem autorização dos pais. Os alunos da professora Sandra tinham entre 4 e 5 anos de idade. Alguns pais ficaram sabendo da divulgação das fotos e questionaram a escola sobre as publicações, pois não as tinham autorizado. A escola, ao ter conhecimento da publicação das fotos, questionou a professora e solicitou que não mais divulgasse a foto de seus alunos. Mas, como as publicações não pararam, a escola demitiu a professora e decidiu iniciar uma ação judicial por ela expor sem autorização a imagem e privacidade dos alunos. O juiz, ao analisar o caso, concordou que acontecia uma exposição sem autorização da imagem dos menores e determinou que a professora parasse imediatamente de publicar fotos.

Comentários: Com o celular em mãos, é comum sairmos por aí filmando e fotografando tudo e todos. Na escola, frequentemente alunos filmam professores; alunos fotografam alunos; e professores fotografam alunos. Mas poucos sabem que temos garantida por lei a proteção da imagem. O ECA exige que a imagem de crianças e adolescentes seja protegida e só seja utilizada para coisas legais e com autorização dos pais. Tem outras leis, além do ECA, que protegem o uso da imagem de pessoas (que vale também para adultos), garantindo que a imagem de uma pessoa só seja utilizada com autorização dela e sem causar prejuízos ou constrangimento.

Quando você estiver com seus amigos, não pode mais tirar uma *selfie*? Não é bem assim. Você pode continuar tirando fotos com seus amigos, desde seja para coisas legais, ou seja, sem causar constrangimento ou vergonha. Mas não é legal fotos ou vídeos para "trollagens", humilhações, chacotas, xingamentos, ofensas ou outro motivo que cause vergonha, sofrimento ou tristeza a quem tiver a imagem exposta. Por isso, use fotos ou vídeos de seus amigos para coisas legais.

Sobre a escola, ter regras sobre uso de imagem de professores, alunos, inspetores, coordenadores e diretores é importante para ensinar a todos o que é ou não permitido. Isso ajuda toda a comunidade escolar a evitar problemas como o que aconteceu nesse último caso.

Diante do que você viu nesse caso e do que você já sabe sobre direitos e deveres, que tal você ajudar sua escola a criar um guia com regras de uso de imagem?

CASO 13: ALUNO DE 17 ANOS TIROU E POSTOU FOTO DE UMA ARMA APONTADA PARA SEU PROFESSOR, ENQUANTO ESTE ESTAVA DE COSTAS ESCREVENDO NA LOUSA

Alex, um estudante de 17 anos, apontou uma arma para o professor enquanto este estava de costas escrevendo na lousa, tirou uma foto e postou-a no Facebook ameaçando o professor. Avisaram o professor sobre essa publicação, ele sentiu que estava sendo ameaçado e levou o caso para o delegado de polícia. O estudante foi levado à Delegacia de Apuração de Atos Infracionais e, na conversa com os policiais, disse que a arma era de brinquedo e que tudo não havia passado de uma "zoeira". Acontece que o juiz, ao analisar o caso e vendo que o adolescente já tinha praticado outras infrações, aplicou a medida de internação ao estudante, visto que este praticou ato infracional semelhante ao crime de ameaça de morte.

CASO 14: ALUNA XINGOU PROFESSORA NO WHATSAPP

No primeiro dia de aula, Maria, professora de uma escola no estado do Espírito Santo, informou aos alunos as regras de uso do celular em sala de aula, o horário do intervalo e as consequências por bagunça em sala. Uma das alunas, Betânia, que estava na sala de aula, não gostou das regras e, para se vingar da professora, tirou escondido desta uma foto, enviou a foto ao grupo do WhatsApp da sala, fazendo vários xingamentos à professora, com muitos palavrões. Alguns alunos que estavam no grupo do WhatsApp deram *print* das mensagens e as mostraram para a professora. Diante das ofensas sofridas, a professora registrou um boletim de ocorrência na delegacia de polícia, levando as *prints* dos xingamentos para serem analisadas pelo juiz. Betânia precisou realizar a prestação de serviços comunitários para ajudar a fazer a merenda na escola onde estuda, além de postar um pedido de desculpas à professora no grupo de WhatsApp a que enviou os xingamentos. Além disso, a família de Betânia foi obrigada a pagar indenização à professora.

Comentários: Algumas crianças e alguns adolescentes, não sabendo lidar com situações de desentendimentos, brigas ou discordância, pensam que o melhor jeito de resolver a situação é xingar ou ofender alguém na internet. Mas não imaginam que terão consequências, e que estão causando sofrimento a outras pessoas.

Porém, vimos neste livro que todos devem agir com respeito na internet e fora dela, portanto xingar uma professora em grupo de WhatsApp por não gostar das regras da escola não só é um desrespeito à professora, como também é uma infração que gera consequências. Tudo isso porque a internet não é terra sem lei, ou seja, infrações praticadas na internet trazem consequências fora dela.

Deixo aqui o meu convite para você conversar sobre esse assunto com seus familiares e com seus amigos, pois, se fizermos o uso da internet com respeito, faremos dela um lugar melhor para aproveitarmos as oportunidades que as tecnologias nos trazem. E são muitas oportunidades que temos na internet.

CASO 15: EMISSORA DE TV QUE FERIU OS DIREITOS DE CRIANÇAS E ADOLESCENTES

Um canal de televisão exibia, na TV e na internet, um programa chamado *Investigação de Paternidade,* em que entrevistava e filmava crianças e adolescentes que não sabiam quem eram seus respectivos pais biológicos. A intenção do canal de TV não era ajudar as crianças a localizarem seus pais, mas tirar sarro da situação e zombar delas. Aliás, o apresentador dizia: *"Será que é filho de um zé-ninguém?".* Diante do constrangimento causado às crianças e aos adolescentes que participaram do programa, que é contrário ao que determina o ECA quanto à necessidade de proteção de crianças e adolescentes, o canal de TV foi denunciado, foi realizada uma ação judicial, e o juiz que analisou o caso reconheceu que os direitos das crianças e dos adolescentes estavam sendo desrespeitados, com humilhações e discriminação. A emissora foi condenada a pagar indenização para as famílias das crianças e dos adolescentes que participaram do programa e foi obrigada a parar com a exibição do programa.

CASO 16: ADOLESCENTES QUE FIZERAM MONTAGEM DE FOTO E VÍDEO PARA XINGAR E AMEAÇAR GAROTO

Francisco, um garoto de 15 anos, por meio do seu canal no YouTube, divulgou alguns vídeos sobre seu time de futebol preferido. Alguns adolescentes que acompanhavam o canal passaram a comentar os vídeos xingando e ofendendo Francisco, e aquilo que era para ser apenas um vídeo de futebol acabou se transformando em ofensas graves. E não parou por aí: os adolescentes, com raiva de Francisco, passaram anonimamente a atacar e ameaçar bater nele e em sua família, enviando diversos *e-mails* ameaçadores. Diante do sofrimento de Francisco e do medo que a família passou a ter das ameaças, os pais fizeram um boletim de ocorrência na delegacia de polícia. Para a identificação de quem enviava as mensagens anônimas, foi necessária a investigação de dados técnicos permitindo a identificação dos adolescentes que praticaram as infrações. Após a análise do caso pelo juiz, os adolescentes que praticaram as infrações precisaram cumprir medida socioeducativa de prestação de serviços comunitários, e os pais dos adolescentes foram condenados ao pagamento de indenização no valor de R$ 300 mil.

Comentários: Caso você seja xingado no YouTube ou em qualquer outro ambiente *online*, é importante não revidar (não xingar também), e contar com a ajuda de um adulto. Você pode bloquear as pessoas que estão praticando os xingamentos e tomar outras providências com a ajuda de um adulto, caso seja preciso.

CASO 17[4]: GAROTAS QUE CRIARAM PERFIL FALSO NO INSTAGRAM COM LOGOMARCA DA ESCOLA PARA XINGAR PROFESSORES E ALUNOS

Três garotas do sétimo ano do Fundamental II criaram um perfil privado no Instagram utilizando a logomarca da escola e fizeram postagens xingando professores e diretores da escola, chamando-os de "burros", "debiloides", "otários", "retardados" e "bruxos". O perfil era privado, ou seja, somente os seguidores aprovados pelas garotas conseguiam ver as postagens. Porém, elas aceitaram 47 seguidores, e um deles tirou *prints* das postagens ofensivas e mostrou-as para uma das professoras que foram xingadas. A professora, sentindo-se desrespeitada e ofendida, mostrou as *prints* à diretoria da escola e também fez um boletim de ocorrência na delegacia de polícia. Após a identificação das garotas, as respectivas famílias foram chamadas na escola e as garotas foram expulsas por infringirem o regulamento escolar. Além disso, iniciou-se um processo com o juiz para apuração das infrações cometidas pelas garotas. Elas cumprirão medidas socioeducativas assim que o juiz finalizar a análise do caso.

Comentário 1: A logomarca da escola é o símbolo da escola e também é protegida por lei. Só a empresa dona da logomarca pode utilizar esse símbolo para seus produtos ou serviços ou autorizar outras pessoas ou empresas a usarem. Assim como ninguém pode utilizar sua imagem sem autorização, ninguém pode empregar a logomarca da escola sem autorização da própria escola. Isso vale para qualquer empresa: por exemplo, ninguém deve sair por aí usando a logomarca da Nike ou da Rede Globo sem autorização da própria empresa.

Comentário 2: Onde foi parar o respeito aos professores e aos alunos? As garotas devem ter achado que estavam "escondidas" por meio da conta privada no Instagram e, por isso, poderiam desrespeitar professores e alunos, e nada aconteceria. Ou melhor, talvez nem tenham pensado nas consequências, só no impulso de se unirem para ofender pessoas. Esses atos desrespeitosos causa-

---

[4] Caso extraído de atendimento e acompanhamento em uma escola particular de São Paulo, em agosto de 2022.

ram tristeza para as pessoas que foram alvo dos xingamentos e consequências para as garotas e para as respectivas famílias delas. Então, o melhor caminho na internet é pensar no que suas ações podem causar ao próximo e agir com responsabilidade, ou seja, com respeito às outras pessoas, evitando, assim, cometer infrações e trazer consequências para si e seus pais. Também é importante exigir respeito para que você sempre seja respeitado em qualquer ambiente.

CASO 18[5]: DIVULGAÇÃO DE MEME PARA "TROLLAR" GAROTO COM MENSAGEM RACISTA

Alguns alunos do oitavo ano de uma escola de São Paulo fizeram um meme com fotos de um colega de sala, chamado Mateus, com a seguinte descrição na foto de Mateus: "Fique longe pra não se sujar ou ser assaltado". O meme foi compartilhado em grupos de WhatsApp da escola, e outros alunos fizeram xingamentos a Mateus dizendo "Devia morrer", "podre". Um amigo de Mateus mostrou o meme a ele. Mateus mostrou o ocorrido para a mãe, e, por se tratar de um caso de racismo, a mãe não só levou o caso para conhecimento da escola como também à delegacia de polícia. Tanto os alunos que fizeram o meme racista quanto aqueles que fizeram xingamentos a Mateus, após investigação da infração correspondente ao crime de racismo, tiveram de prestar serviços comunitários. Além disso, as respectivas famílias de todos os garotos foram condenadas a pagar indenização.

A mãe de Mateus foi entrevistada por um jornal e disse:

---

[5] Caso extraído de atendimento e acompanhamento em uma escola particular de São Paulo, em junho de 2018.

Nenhuma indenização apagará o sofrimento e humilhação que meu filho passou. Foram meses de choro dentro de casa. Meu filho se isolou, não conseguia nem mais ir à escola. Espero que os garotos envolvidos saibam do mal que causaram.

Comentários: O racismo acontece quando alguém trata uma pessoa diferente do que deveria, exclui, isola ou faz xingamentos em razão da cor da pele, das características físicas, do cabelo etc. O racismo abala a autoestima e a confiança de pessoas que não são brancas e gera sofrimento e prejuízos. É, pois, uma violação aos direitos das pessoas.

Temos uma lei no Brasil chamada Constituição federal, que é uma das leis mais importantes do país e que cuida das regras para resolver conflitos na sociedade. A Constituição diz que

> Todos são iguais perante a lei, sem distinção de qualquer natureza, garantindo-se aos brasileiros e aos estrangeiros residentes no País a inviolabilidade do direito à vida, à liberdade, à igualdade, à segurança e à propriedade, nos termos seguintes.[6]

A Constituição federal garante que todas as pessoas, independentemente da cor de pele, sejam tratadas iguais e tenham seus direitos garantidos.

Isso significa que todos devem respeitar todas as pessoas na internet e fora dela, independentemente de suas diferenças. Quem age diferente disso está praticando crime, como ocorreu nesse último caso. Por isso que, na internet ou fora dela, temos de agir com muito respeito e responsabilidade a todos.

---

[6] BRASIL. **Constituição da República Federativa do Brasil de 1988**. Brasília: Presidência da República, 1988. n.p. Disponível em: https://www.planalto.gov.br/ccivil_03/constituicao/constituicao.htm. Acesso em: 3 jul. 2023

CASO 19: HOMEM DE 40 ANOS FINGE SER CRIANÇA NO INSTAGRAM E MARCA ENCONTRO COM CRIANÇA DE 8 ANOS

Um homem de 40 anos criou um perfil no Instagram com a foto de uma criança para se aproximar de outros perfis infantis e marcar encontros presenciais com crianças. Depois de conversar por alguns dias com Julia, uma garota de 8 anos, o adulto, que dizia ser um menino de 9 anos de idade, pediu o endereço da escola de Julia e convidou a menina para se encontrar com ele na saída da escola. Julia deu o endereço da escola, porém a mãe da garota, que acompanhava o perfil e as mensagens dela no Instagram, viu a conversa e levou o caso à Polícia, pois desconfiou que não era uma criança que estava conversando com a filha, mas um adulto. Os policiais foram à escola no dia e horário agendado e prenderam o cibercriminoso.

CASO 20: HOMEM PASSAVA-SE POR ADOLESCENTE NO TIKTOK PARA PEDIR NUDES E AMEAÇAR CRIANÇAS

Um homem de 29 anos foi preso após policiais comprovarem que ele se passava por adolescente na internet para conversar com crianças, ganhar a confiança delas e pedir vídeos íntimos (*nudes*). O cibercriminoso, depois de alguns dias de conversa com crianças, elogiando-as e dizendo que eram bonitas, convencia essas crianças a enviar vídeos delas sem roupa. Após o envio do primeiro vídeo, o cibercriminoso ameaçava as crianças dizendo que, se elas não enviassem mais vídeos com imagens íntimas, ele contaria tudo para os pais delas. O caso só foi descoberto porque a mãe de uma garota de 10 anos notou que a filha estava estranha dentro de casa, muito triste e isolada no quarto. A mãe foi olhar o celular da filha para ver se algo estava acontecendo, quando teve acesso às ameaças do cibercriminoso. A família levou o caso à polícia, e as investigações iniciaram. Porém, o sofrimento dessa garota e de várias outras que foram ameaçadas foi imenso.

CASO 21: GAROTO POSTA VÍDEO NO TIKTOK FINGINDO BEIJO, RECEBE COMENTÁRIOS COM DIVERSOS XINGAMENTOS E COMETE SUICÍDIO

Rafa, um garoto de 16 anos, fez um vídeo de uma brincadeira com o primo fingindo que o beijava e postou no TikTok. Em pouco tempo, o vídeo viralizou, o número de visualizações cresceu, e muitos foram os comentários xingando e ofendendo o garoto. Pessoas conhecidas e desconhecidas dele passaram a ofendê-lo no YouTube. Rafa desesperou-se com a situação, fez um segundo vídeo explicando que era apenas uma brincadeira, mas as ofensas, os xingamentos e os comentários de ódio continuaram. O garoto não suportou aquela situação, e cometeu suicídio. A morte está sendo investigada, e aqueles que fizeram os comentários ofensivos podem sofrer consequências.

CASO 22[7]: APÓS PRATICAR BULLYING NA ESCOLA, UM GRUPO DE ADOLESCENTE COMBINOU DE BATER EM GAROTO E FILMAR AS AGRESSÕES PARA DIVULGAR NA INTERNET

---

[7] Caso extraído de consultoria jurídica à família da vítima em junho de 2019.

Um grupo de adolescentes combinou de bater em um colega de sala chamado Davi, no horário de saída da aula, e também de filmar as agressões e divulgá-las na internet para "trollar" o garoto nas redes sociais. Durante os intervalos na escola, os adolescentes já vinham praticando *bullying* contra Davi, xingando-o de "gordo baleia" e "mariquinha" na frente de outros alunos para envergonhá-lo. Davi, que já estava sofrendo com as agressões, sempre saía para os intervalos na escola com medo, mas não imaginava que sofreria chutes e socos. Os adolescentes fizeram o que tinham combinado e bateram em Davi na saída da escola, filmaram tudo e divulgaram o vídeo na internet. No vídeo aparecia não só Davi, vítima das agressões, mas também os demais adolescentes que praticaram as agressões físicas. Os pais da vítima levaram o caso à delegacia de polícia. O vídeo serviu como prova das infrações praticadas, pois mostrava quem tinha cometido as infrações. Os adolescentes que praticaram as infrações foram expulsos da escola pela diretoria, e o juiz que analisou o caso aplicou medidas socioeducativas a eles, obrigando-os a prestar serviços comunitários em hospital público. Além disso, condenou a família deles a pagar todo o tratamento médico de Davi pelos machucados causados e indenização pelos danos causados ao garoto.

CASO 23: GAROTO FEZ LIVES EM REDE SOCIAL MALTRATANDO ANIMAIS

Roberto, um garoto de 13 anos, fez *lives* em rede social batendo e maltratando um papagaio e um cachorro. Pessoas que assistiram à *live* ficaram furiosas e entristecidas com o que o garoto fez com os animais, por isso gravaram a tela do celular enquanto a *live* era divulgada e fizeram uma denúncia. O delegado de polícia, após receber o vídeo, identificou o garoto e seu endereço e procurou a família. Na casa da família, a polícia resgatou os animais e aplicou multa aos pais por manterem o papagaio em cativeiro ilegalmente e por maus-tratos a animais, já que os pais são responsáveis pelos atos dos filhos enquanto estes forem crianças ou adolescentes. O caso foi levado ao juiz, e, após análise, serão aplicadas as medidas socioeducativas ao garoto.

Comentários: A internet pode tornar eterna uma situação, como deixar registrado para sempre quem praticou infrações. Neste caso, o garoto que praticou esses maus-tratos teve seu nome divulgado em matérias jornalísticas, em *sites* e em perfis em redes sociais. Essas notícias viralizaram e não se apagarão jamais da internet. O garoto, mesmo com o passar dos anos, terá de conviver com as consequências do que fez, podendo até deixar de conseguir oportunidades de emprego e de estudos por ser julgado pelas pessoas. A maioria das empresas, quando vai contratar funcionários ou estagiários, verifica a reputação digital da pessoa na internet, ou seja, o que a internet traz de informações sobre o(a) candidato(a). Pode ser que não queiram contratar uma pessoa que praticou essas maldades ou outras infrações. Uma infração praticada na adolescência pode trazer consequências graves para o resto da vida. Por isso, agir com respeito ao próximo e responsabilidade na internet é essencial. Pense nos rastros digitais que você está deixando na internet.

CASO 24: YOUTUBER FAMOSO FAZ POSTAGENS RACISTAS, PERDE PATROCÍNIO DE MARCAS E É PROCESSADO POR RACISMO

Júlio Cocielo, um *youtuber* que em 2018 tinha quase 17 milhões de seguidores, posta em seu canal vídeos falando sobre a vida dele de forma divertida. Porém, um dia ele fez o seguinte comentário no Twitter sobre o famoso jogador de futebol Mbappé: *"Conseguiria fazer arrastões top na praia"*. E no histórico de suas postagens também encontraram comentários como: *"O Brasil seria mais lindo, se não houvesse frescura com piadas racistas. Mas, já que é proibido, a única solução é exterminar os negros"*. Após esses comentários, Júlio Cocielo, que era patrocinado por grandes marcas, perdeu o patrocínio da Adidas, do Banco Itaú e do Submarino, e 10 milhões de seguidores. Além disso, o Ministério Público (instituição do governo responsável pela defesa das leis e dos interesses da sociedade no Brasil) iniciou ação judicial contra o *youtuber* por racismo. Cocielo, após todas as consequências que sofreu, disse: *"Hoje eu leio tudo aquilo que eu postei e me sinto envergonhado. Foram coisas absurdas"*. Em outra postagem, disse: *"Aquele monte de merda que eu falei está muito distante de quem eu sou hoje"*, *"Eu aceito todas as consequências. Porque eu fui imaturo. Eu fui irresponsável. Eu era completamente diferente da pessoa que sou hoje"*[8].

Comentários: As consequências pelos comentários racistas praticados por Júlio Cocielo foram grandes, e ele mesmo reconheceu o erro e se arrependeu.

Esse caso muito nos ensina sobre consequências na internet. Mas vamos pensar em uma situação diferente para ver outras.

Um amigo da sua sala praticou comentários racistas no Instagram quando adolescente. Ao ingressar na faculdade, já adulto, esse amigo vai procurar estágio em uma empresa de tecnologia famosa, mas, apesar de ter ido bem no teste, não foi selecionado. Esse amigo tenta várias outras empresas, e nenhuma o aceita para estagiar, apesar de ele ser muito inteligente, fluente em inglês e espanhol e estar matriculado em uma excelente universidade. Após algum tempo, ele liga para uma das empresas em que se candida-

---

[8] STOCHERO, Tahiane; SANTIAGO, Tatiana. Youtuber Júlio Cocielo vira réu acusado de racismo após comentários em redes sociais. G1, São Paulo, 15 set. 2020. n.p. Disponível em: https://g1.globo.com/sp/sao-paulo/noticia/2020/09/15/justica-de-sp-aceita-denuncia-e-youtuber-julio-cocielo-vira-reu-por-racismo-apos-comentarios-em-redes-sociais.ghtml. Acesso em: 1 jul. 2023.

tou e pergunta o motivo de não o terem selecionado. O selecionador fala que não o contrataram porque viram as postagens dele no Instagram. Ou seja, as postagens racistas que esse amigo fez quando era adolescente passaram a fechar oportunidades para ele na vida adulta. Esse amigo fala para o selecionador que se arrependeu do que fez, mas o selecionador diz que infelizmente não pode contratá-lo, pois os comentários feitos por ele são contrários às práticas adotadas pela empresa.

Essa história já aconteceu na vida real com várias pessoas. Jovens adultos acabam sendo julgados pela reputação digital do que fazem na internet. Se a reputação digital é boa, não atrapalha; se na reputação digital aparecem atos racistas, preconceituosos, agressivos etc., isto acaba tirando deles oportunidades.

Tudo isso mostra que aquilo que fazemos *online* importa e traz consequências. Não existe divisão entre a "vida digital" (aquilo que se faz na internet) e a "vida real" (aquilo que se faz quando está presencialmente com alguém). O que fazemos na internet pode nos ajudar na escola, em trabalhos escolares, a aprender e ensinar, a conhecer lugares, a fazer pesquisa, a falar com amigos e familiares que estão longe, a nos divertir, trazendo consequências positivas. Porém, pode também trazer consequências negativas para você e para outras pessoas, se o uso da internet é feito de forma errada, com xingamentos, ofensas, preconceito, discriminação, golpes e outras infrações. Lembre-se disso quando estiver usando a internet.

Pense nisso!

12
JOVENS QUE FIZERAM BOM USO DA INTERNET: CASOS DO BEM

CASO DO BEM 1: MENINO DE 8 ANOS ARRECADA DINHEIRO DE DOAÇÕES NA INTERNET PARA AJUDAR PESSOAS QUE MORAM NA RUA

Thiago, um garoto de 8 anos, após ver a realidade de moradores de rua em São Paulo sem casa para morar e sem comida para comer, resolveu, com a ajuda dos pais, fazer uma "vaquinha *online*" (por meio de um perfil no Instagram) para ajudar alguns desses moradores de rua pedindo doação a pessoas na internet. O garoto arrecadou mais de R$ 20 mil, criou o projeto chamado Sempre Ajudando e utilizou o dinheiro para doar cestas básicas e kits escolares para crianças carentes.

CASO DO BEM 2: IDOSOS DÃO AULAS DE INGLÊS PARA BRASILEIROS POR VIDEOCONFERÊNCIA NA INTERNET

Idosos que vivem em asilos nos EUA e gostariam de ter com quem conversar participam de projeto dando aulas de inglês para jovens brasileiros. Por meio de videoconferências, estudantes brasileiros aprendem e treinam inglês enquanto conversam com idosos nos EUA. Esses idosos vivem em asilos, alguns têm problemas de saúde e deficiência física devido a doenças e tratamentos. Os idosos sentiram-se muito felizes em ter um período do dia com quem conversar; por outro lado, os jovens brasileiros estão aprendendo inglês enquanto fazem companhia para esses velhinhos. O projeto mostra quanto a internet pode unir e ajudar pessoas em suas necessidades.

CASO DO BEM 3: GAROTO CRIA CANAL NO YOUTUBE PARA DAR DICAS DE ESTUDOS

Caio Temponi, hoje com 14 anos, criou aos 9 anos de idade um canal no YouTube com o nome Gabaritando com Caio Temponi. No canal, Caio oferece aulas gratuitas e dicas de estudos para quem quer se dar bem no vestibular e no ENEM. Caio, mesmo com apenas 14 anos, já passou em vários vestibulares de faculdades públicas; entre elas, foi aprovado no Instituto Tecnológico de Aeronáutica (ITA) e em medicina na Universidade Federal do Rio de Janeiro. Ainda, ajuda, por meio da internet, outros estudantes a se darem bem nos estudos.

CASO DO BEM 4: GAROTA DE 13 ANOS CRIA CANAL NO YOUTUBE PARA ENSINAR MATEMÁTICA DE FORMA DESCONTRAÍDA E ENGRAÇADA

Catarina tem 13 anos e é apaixonada por matemática. Ela criou um canal no YouTube com o nome Catmat para ensinar matemática a adolescentes, especialmente àqueles que odeiam a matéria. De forma engraçada e descontraída, Catarina brinca com os números e ensina estudantes a se darem bem em matemática. Por meio de seu canal no YouTube, ela consegue dar dicas a pessoas que têm dificuldade na matéria, ajudando-as a vencer suas dificuldades.

CASO DO BEM 5: GAROTO DE 11 ANOS CRIA CANAL NO YOUTUBE PARA ENSINAR CRIANÇAS E ADULTOS A GANHAR E INVESTIR DINHEIRO

Beny, um garoto que hoje tem 11 anos de idade, desde pequeno gostava de guardar dinheiro e estudar sobre como gastar bem sua mesada e fazer o dinheiro render. Foi então que, após algum tempo de estudo e dedicação, Beny não só aprendeu a cuidar bem do seu dinheiro, mas também criou um canal no YouTube chamado MoneySide para dar dicas de finanças. Beny ensina pessoas a ganhar dinheiro e investir para fazer o dinheiro se multiplicar. O garoto tem vídeos ensinando a ganhar dinheiro pela internet e já entrevistou famosos especialistas do mercado financeiro, como um ex-presidente do Banco Central e um presidente de uma empresa multinacional. Algumas pessoas disseram que seguiram as dicas de Beny e aprenderam a gastar bem, poupar e investir dinheiro.

CASO DO BEM 6: POR MEIO DE CANAL NO YOUTUBE COM MAIS DE 35 MILHÕES DE INSCRITOS, IRMÃOS PUBLICAM VÍDEOS DIVERTIDOS E EDUCATIVOS PARA AJUDAR PESSOAS

Os irmãos adolescentes Maria Clara e João Paulo, por meio do canal Maria Clara e JP, publicam vídeos divertidos e educativos ajudando outros adolescentes a entender a importância da família e das amizades. Eles dão dicas de viagens e falam da importância da preservação do meio ambiente, bons comportamentos e muito mais. O canal, além de engraçado, é educativo, ensinando jovens a serem respeitosos e educados.

CASO DO BEM 7: GAROTA DE 11 ANOS PUBLICA VÍDEOS PARA CONSCIENTIZAR AS PESSOAS SOBRE QUESTÕES ETNORRACIAIS

Carolina criou um canal no YouTube para levar informações às pessoas sobre racismo, consciência negra e dicas de leitura e brincadeiras. O canal tem o nome da apresentadora, Carolina Monteiro, e, além de vídeos de danças e músicas, Carolina fala sobre o sofrimento causado pelo bullying e pela prática de racismo, a importância da autoestima e, de forma muito educativa, dá dicas sobre como tratar e o que falar (ou não falar) para pessoas com cabelos crespos e cacheados.

CASO DO BEM 8: ADOLESCENTE CRIOU SITE DE BUSCA NA INTERNET E PASSOU A GANHAR R$ 15 MIL POR MÊS

Edgard Nogueira, quando tinha 13 anos, ganhou um computador e um modem (aparelho para conectar computadores à internet) de presente, e descobriu um jeito de ganhar dinheiro e ajudar seus pais a pagar as contas da casa. Edgard criou um *site* de buscas na internet, ganhando dinheiro com publicidade de empresas. O *site* cresceu em pouco tempo, e passou a dar bastante lucro para Edgard. Diante dos resultados tão positivos do *site* de Edgard, até os pais do garoto foram trabalhar com ele. O *site* criado por Edgard foi tão útil para as pessoas que foi avaliado em R$ 10 milhões.

CASO DO BEM 9: JOVEM DE 17 ANOS COMEÇA A TRABALHAR PELA INTERNET E FICA MILIONÁRIO

O jovem Kayky Janiszewski estudava em uma escola no interior de São Paulo, mas morava muito longe da escola, e, como sua família era pobre, ele voltava para casa de bicicleta enquanto os amigos voltavam para casa de carro. Kayky tinha o sonho de trabalhar e ajudar os pais; foi quando começou a estudar sobre venda de produtos e cursos na internet. Depois de muitas tentativas, estudos e dedicação, Kayky começou a ter lucro vendendo cursos de outras pessoas na internet. Em algum tempo, o jovem não só ficou milionário, como também passou a ensinar no seu Instagram tudo o que aprendeu para ajudar outras pessoas a seguirem o mesmo caminho.

Em entrevista à revista *Exame*, Kayky disse: "*eu queria tirar meus pais da fila do SUS, queria que o dinheiro não fosse mais uma preocupação para eles, então precisava fazer algo para mudar essa situação*"[9].

CASO DO BEM 10: PARA SUPERAR O PRECONCEITO POR TER UMA DOENÇA RARA E CONTAR SOBRE SUA ROTINA, JOVEM CRIA FANPAGE E PERFIL NO INSTAGRAM

---

[9] EXAME. Conheça a história do jovem de 17 anos milionário com o marketing digital. **Diário de Tatuí**, Tatuí, 17 abr. 2022. n.p. Disponível em: https://www.diariodetatui.com/2022/04/veja-isto-conheca-historia-do-jovem-de.html. Acesso em: 1 jul. 2023.

Lorrane Silva é uma pessoa com deficiência, ela tem uma doença que a impede de crescer e andar (só consegue andar com apoio de muletas). Por muito tempo, ela foi alvo de piadinhas e chacotas na escola, mas, com esforço e muito bom humor, a jovem resolveu superar o preconceito e defender os direitos das pessoas com deficiência na internet. Em seus vídeos publicados, a jovem, de forma engraçada, mostra como leva a vida, mesmo diante das dificuldades físicas que tem. O canal de Lorrane no Instagram chega a quase 5 milhões de seguidores. Lorrane entrou na lista da *Forbes* que destaca pessoas famosas abaixo dos 30 anos de idade. Hoje é apresentadora em um programa de televisão.

CASO DO BEM 11: GAROTO CRIA NAVEGADOR DE INTERNET FÁCIL DE USAR E CONSEGUE 100 MILHÕES DE USUÁRIOS EM POUCO TEMPO

Blake Ross nasceu nos Estados Unidos; aos 16 anos de idade, incomodado com as dificuldades pelo uso do navegador de internet que utilizava no trabalho enquanto estagiava em uma empresa de tecnologia, estudou formas de mudar a situação. Após três anos de desenvolvimento com outros estudantes e técnicos, Blake criou um navegador fácil de usar. Lançado em 2004, quando Ross tinha 19 anos, o navegador, conhecido mundialmente como Firefox, teve 100 milhões de *downloads* em menos de um ano e passou a competir com o navegador Internet Explorer, de Bill Gates (Microsoft), e outros existentes à época.

Ross não só ficou milionário com a criação do navegador, como também ajudou a criar outra opção de navegador (Firefox) para que usuários pudessem escolher qual usar e ter uma opção muito mais fácil de navegar.

CASO DO BEM 12: GAROTO APAIXONADO POR LIVROS CRIA PERFIL NO INSTAGRAM PARA PUBLICAR RESENHAS DE LIVROS, TEM 400 MIL SEGUIDORES E MUITAS OPORTUNIDADES

Adriel Oliveira, aos 12 anos, foi incentivado pelos pais a criar um perfil no Instagram (@livrosdodrii) para dar dicas de livros e publicar resumos de seus livros preferidos. Aos poucos, Adriel foi conquistando outros adolescentes e o perfil começou a crescer, porém um dia recebeu ataques e mensagens racistas no seu Instagram de um perfil anônimo dizendo: *"Eu achava que preto era pra tá cavando mina, não lendo. Você foi criado para ser pobre e preto"*.

O garoto ficou muito triste com a mensagem recebida e publicou essa mensagem no seu Instagram para mostrar aos seus seguidores quanto essa ofensa racista o magoava. Imediatamente as pessoas acolheram Adriel e passaram a mandar mensagens de carinho a ele. Até artistas famosos o defenderam e apoiaram Adriel a continuar com o perfil de resenhas de livros.

A história de Adriel virou um livro patrocinado pelo Banco Itaú, e hoje, com 15 anos, ele é embaixador da Bienal do Livro na Bahia e patrocinado por várias empresas.

CASO DO BEM 13: INDÍGENA ALICE PATAXÓ EXERCE IMPORTANTE INFLUÊNCIA SOBRE PRESERVAÇÃO DA NATUREZA E DA CULTURA INDÍGENA NAS REDES SOCIAIS E ENTRA NA LISTA DAS 100 MULHERES MAIS INFLUENTES E INSPIRADORAS DE 2022

A jovem Alice Pataxó vive em uma aldeia indígena na Bahia e desde os 14 anos de idade, por meio do Twitter e do Instagram, inspira e influencia pessoas a lutarem pela defesa da cultura dos povos da floresta. Alice fala sobre preservação da natureza e da cultura indígena pataxó. A jovem realiza um papel tão importante nas redes sociais que, além de ter muitos seguidores, foi convidada a participar da Conferência das Nações Unidas sobre Mudanças Climáticas (COP26) na Escócia. Ela entrou para a lista das *100 Mulheres mais Influentes e Inspiradoras de 2022* e se tornou embaixadora da WWF Brasil.

CASO DO BEM 14: GAROTO DE 8 ANOS CRIA SITE DE VENDA DE BOLINHAS DE GUDE NA INTERNET E PASSA A VENDER PARA O MUNDO TODO

Harli, um garoto de 8 anos, sempre foi apaixonado por bolinhas de gude, tanto que costumava dormir com suas bolinhas embaixo do travesseiro. Um dia, ao levar as bolinhas de gude para a escola, crianças mais velhas roubaram sua coleção, e Harli, muito triste, pediu para a mãe comprar mais bolinhas para ele na internet. Porém não encontraram nenhum *site* que vendesse esse produto.

Foi então que Harli teve a ideia de montar um *site* para vender bolinhas de gude e pediu a ajuda da mãe para começar. Em alguns meses, chegaram muitos pedidos para compra, tanto que a mãe de Harli abriu uma empresa, e hoje eles já têm até funcionários para dar conta dos pedidos.

O *site* do garoto passou a receber pedidos do mundo todo. Agora Harli sonha em fabricar as próprias bolinhas de gude para vender.

CASO DO BEM 15: GAROTO DE 11 ANOS APRENDE A FAZER CROCHÊ EM TUTORIAL NO YOUTUBE, PASSA A DIVULGAR SUAS IDEIAS EM REDES SOCIAIS E VIRA "MESTRE DO CROCHÊ"

Jonah é um garoto de 11 anos que nasceu na Etiópia e foi adotado por uma família norte-americana. Ele aprendeu com sua mãe a fazer crochê por meio de um tutorial no YouTube. O garoto descobriu sua paixão pelo crochê e passou a fazer trabalhos incríveis. Os trabalhos foram divulgados em redes sociais, e o garoto já tem mais de 110 mil seguidores no Instagram. Lá ele divulga suas ideias, dá aulas de crochê e dicas para quem quer começar. Algumas de suas criações são leiloadas para ajudar a instituição Roots Ethiopia, que faz doações ao orfanato que cuidou dele quando bebê.

*****

Gostou dos casos do bem que trouxemos para você neste livro? De qual você gostou mais?

Esses casos mostram que você pode ter muitas oportunidades no uso da internet e pode usar a internet para o seu bem e para o bem de todos. Já pensou nisso?

Você pode ir muito além de apenas ficar assistindo a vídeos no TikTok ou de compartilhar figurinhas no WhatsApp. Muitos *sites,* jogos e canais no YouTube lhe oferecem coisas legais, e você pode aprender muita coisa na internet, como também pode ensinar o que sabe. Tem muita gente que gostaria de saber algo que você pode ensinar.

Agora que você conheceu alguns casos do bem, pense em como você pode utilizar a internet de uma maneira legal, talvez fazendo algo bom para você ou até ajudando pessoas.

Pense e compartilhe com os seus amigos uma ideia de projeto para colocar na internet. Que tal você fazer um caso de bem na internet e enviar para nós para incluirmos no próximo livro?

13 "TEXTÃO" FINAL

A ideia deste livro surgiu para instruir meus filhos (Marina e Miguel) a saber dos direitos e deveres deles na internet. Eu queria ensinar meus filhos sobre riscos, perigos, direitos, deveres e oportunidades na internet.

Quando comecei a escrever este livro, faltavam alguns dias para o aniversário de 12 anos da minha filha, e eu queria ajudá-la a entender os direitos e deveres dos adolescentes na internet e fora dela. Afinal, é muito importante ter esse conhecimento.

Porém, já no começo do livro, senti no coração que tinha um chamado para que os ensinamentos que aqui estão fossem compartilhados não só com meus filhos, mas também com todas as crianças e todos os adolescentes do Brasil. A pergunta que me veio foi: "Por que você não transforma isto em um livro e leva esta informação para muitos adolescentes e crianças?". Esse pensamento fez o livro nascer.

Ao escrever este livro, trouxe meu conhecimento com o Direito digital e com a educação digital de crianças e adolescentes. Dediquei-me a conectar crianças e adolescentes às diretrizes de uso consciente e responsável da internet, fazendo-os ter conhecimento de seus direitos, da proteção que merecem e também dos deveres que, desde cedo, têm em nossa sociedade (digital ou não digital).

Para que os ensinamentos deste livro cheguem adequadamente a crianças e adolescentes, pois acredito que impactarão muito a vida deles, precisarei do apoio dos educadores para levarem tudo o que está aqui à sala de aula, a trabalhos e pesquisas escolares, a debates e estudos de caso.

Na minha visão, o educador, que é (e sempre foi) aprendiz, mediador, orientador, pesquisador, conselheiro e parceiro de seus alunos, vê muito além da lista de conteúdos a ser dada em sala de aula. O educador proporciona todos os dias, com grande esforço, que seus alunos sejam conduzidos a um caminho de possibilidades e apropriação daquilo que é importante. É inegável o papel fundamental dos educadores em nossa sociedade. Por isso esta obra foi feita pensando nesse profissional e em seus alunos, que (se tudo der certo) se apropriarão deste conteúdo de forma fácil e o levarão adiante. Espero ter conseguido atingir esse objetivo de facilitar a vida do educador e engajar crianças e adolescentes para o bom uso da internet.

Também precisarei da ajuda de crianças e adolescentes para compartilhar com seus amigos e familiares o que aqui aprenderam e para fazer lembrar sempre de agirem bem na internet.

Quero muito ver este conteúdo impactar a vida de crianças e adolescentes para serem mais responsáveis, mais respeitosos, mais empáticos e mais conscientes na internet e fora dela, pois acredito que o maior legado que podemos deixar aos nossos jovens é o conhecimento.

Com muito carinho,

Kelli Angelini

REFERÊNCIAS

ADOLESCENTE sofre bullying ao ser filmado usando banheiro em escola; 23% dos alunos já passaram pelo problema no Ceará. **G1**, Ceará, 16 jun. 2022. Disponível em: https://g1.globo.com/ce/ceara/noticia/2022/06/15/adolescente-sofre- bullying-ao-ser-filmado-usando-banheiro-em-escola-23percent-dos-alunos-ja-passaram-pelo-problema-no- ceara.ghtml. Acesso em: 1 jul. 2023.

ALICE Pataxó: quem é a jovem que está na COP26 e foi indicada por Malala. **Universa**, *[s. l.]*, 2 nov. 2011. Disponível em: https://www.uol.com.br/universa/noticias/redacao/2021/11/02/alice-pataxo-a-jovem--indigena-que-esta-na-cop26-e-foi-indicada-por-malala.htm#:~:text=Ativista%20ind%C3%ADgena%2C%20a%20jovem%20Alice,vozes%20e%20experi%C3%AAncias%22%20ao%20evento. Acesso em: 25 jan. 2023.

BILLI, Marcelo; AGUIAR, Josélina. "Netfortunas" nascem com centavos e adolescentes. **Folha de S.Paulo**, São Paulo, p. 2-8. 6 fev. 2000. Disponível em: https://www1.folha.uol.com.br/fsp/dinheiro/fi0602200014.htm. Acesso em: 1 jul. 2023.

BIONI, Bruno; FAVARO, Iasmine; RIELLI, Mariana. O tratamento de dados de crianças e e adolescentes pode ser legal? **Observatório**, *[s. l.]*, 19 out. 2020. Disponível em: https://www.observatorioprivacidade.com.br/2020/10/19/o-tratamento-de-dados-de-criancas-e-adolescentes- pode-ser-legal/. Acesso em: 28 jan. 2023.

BRASIL. **Constituição da República Federativa do Brasil de 1988.** Brasília: Presidência da República, 1988. Disponível em: https://www.planalto.gov.br/ccivil_03/constituicao/constituicao.htm. Acesso em: 3 jul. 2023.

BRASIL. **Lei nº 8.069, de 13 de julho de 1990.** Dispõe sobre o Estatuto da Criança e do Adolescente e dá outras providências. Brasília: Presidência da República, 1990. Disponível em: https://www.planalto.gov.br/ccivil_03/leis/l8069.htm. Acesso em: 3 jul. 2023.

BRASIL. Ministério da Cidadania. Sistema Único de Assistência Social. **Relatório da Pesquisa Nacional das Medidas Socioeducativas em Meio Aberto no Sistema Único de Assistência Social.** *[S. l.]*: SUAS, [2018?]. Disponível em: https://www.mds.gov.br/webarquivos/publicacao/assistencia_social/relatorios/Medidas_Socioeducativas_em_Meio_Aberto.pdf. Acesso em: 3 jul. 2023.

BRASIL. Superior Tribunal de Justiça (4. Turma). **Recurso especial 1.517.973 – PE**. Relator: Min. Luis Felipe Salomão, 16 nov. 2017. Disponível em: https://www.jusbrasil.com.br/jurisprudencia/stj/549846390/relatorio-e-voto-549846411. Acesso em: 10 jan. 2023.

BRASIL. Superior Tribunal de Justiça. **Habeas corpus 729488 – RS**. Relator: Min. Joel Ilan Paciornik, 2 de maio de 2022. Disponível em: https://www.jusbrasil.com.br/jurisprudencia/stj/1489336748/decisao-monocratica-1489336875. Acesso em: 4 jan. 2023.

CALDAS, Joana. Adolescente suspeita de criar perfil falso para ameaçar família e amigos e xingar professores é identificada em SC. **G1**, Santa Catarina, 9 set. 2022. Disponível em: https://g1.globo.com/sc/santa-catarina/noticia/2022/09/09/adolescente-suspeita-de-criar-perfil-falso-para-ameacar-familia-e-amigos-e-xingar-professores-e-identificada-em-sc.ghtml. Acesso em: 1 jul. 2023.

CAMPO GRANDE NEWS. Garoto que filmou maus tratos responderá em liberdade, mas mãe vai pagar multa. **O Pantaneiro**, Aquidauana, 20 abr. 2021. Disponível em: https://www.opantaneiro.com.br/policial/garoto-que-filmou-maus-tratos-respondera-em-liberdade-mas-mae-vai/168440/. Acesso em: 1 jul. 2023.

CANDIDO, Marcos. Após sofrer racismo, garoto fã de livros ganha apoio de 700 mil seguidores. **Ecoa**, São Paulo, 2 jun. 2020. Disponível em: https://www.uol.com.br/ecoa/ultimas-noticias/2020/06/02/apos-sofrer-racismo-garoto-fa-de-livros-ganha-apoio-de-700-mil-seguidores.htm. Acesso em: 1 jul. 2023.

CAROLINA MONTEIRO. **Vídeos**. *[S. l.]*, 2013-2021. YouTube: @CarolinaMonteiroBlack. Disponível em: https://www.youtube.com/ @CarolinaMonteiroBlack/videos. Acesso em: 24 jan. 2023.

CARVALHAL, Alice. Garoto de 8 anos abre negócio próprio na internet e vira milionário. **Techtudo**, *[s. l.]*, 16 nov. 2011. Disponível em: https://www.techtudo.com.br/noticias/2011/11/garoto-de-8-anos-abre-negocio-proprio-na-internet-e-vira-milionario.ghtml. Acesso em: 26 jan. 2023.

CATMAT. **Sobre**. *[S. l.]*, [2023]. YouTube: @catmat7936. Disponível em: https://www.youtube.com/@catmat7936/about. Acesso em: 24 jan. 2023.

COMO FUNCIONA a internet? *[S. l.: s. n.]*, 2014. 3 vídeos (26 min). Publicado pelo canal **NIC.br.** Disponível em: https://www.youtube.com/playlist?list=PLQq8-9yVHyOYMFAc9v7Yb_cqmNMksEdrk. Acesso em: 1 jul. 2023.

DISTRITO FEDERAL. Tribunal de Justiça do Distrito Federal e Territórios (3. Turma). **Apelação criminal 85.2020.8.07.0017.** Acórdão 1419406. Relatora: Des. Nilsoni de Freitas Custodio, 28 de abril de 2022. Disponível em: https://www.jusbrasil.com.br/jurisprudencia/tj-df/1685706991/inteiro-teor-1685706992. Acesso em: 26 jan. 2023.

EXAME. Conheça a história do jovem de 17 anos milionário com o marketing digital. **Diário de Tatuí,** Tatuí, 17 abr. 2022. Disponível em: https://www.diariodetatui.com/2022/04/veja-isto-conheca-historia-do-jovem-de.html. Acesso em: 1 jul. 2023.

GABARITANDO COM CAIO TEMPONI. **Sobre.** *[S. l.]*, [2023]. YouTube: @GabaritandoComCaioTemponi. Disponível em: https://www.youtube.com/@GabaritandoComCaioTemponi/about. Acesso em: 24 jan. 2023.

HOMEM de 40 anos é preso após tentar marcar encontro com criança de 8 anos no CE. **UOL,** São Paulo, 23 ago. 2022. Disponível em: https://noticias.uol.com.br/cotidiano/ultimas-noticias/2022/08/23/homem-de-40-anos-e-preso-apos-tentar-marcar-encontro-com-crianca-de-8-no-ce.htm. Acesso em: 1 jul. 2023.

JOVEM que postou foto de arma apontada para professor em sala de aula é conduzido para delegacia no AM. **G1,** Amazonas, 4 abr. 2018. Disponível em: https://g1.globo.com/am/amazonas/noticia/jovem-que-postou-foto-de-arma-apontada-para-professor-em-sala-de-aula-e-conduzido-para-delegacia-no-am.ghtml. Acesso em: 1 jul. 2023.

LEMOS, Vinicius. 'Já acabou, Jéssica?': jovem abandonou estudo e caiu em depressão após virar meme. **BBC News Brasil,** São Paulo, 1 set. 2021. Disponível em: https://www.bbc.com/portuguese/brasil-58351743. Acesso em: 5 jan. 2023.

MARIA CLARA & JP. **Vídeos.** *[S. l.]*, 2016-2023. YouTube: @MariaClaraeJ. Disponível em: https://www.youtube.com/@MariaClaraeJP/videos. Acesso em: 24 jan. 2023.

MELO, Tatiana. Jovem de Araxá cria canal na internet para superar o preconceito. **G1,** Triângulo Mineiro, 17 ago. 2016. Disponível em: https://g1.globo.com/minas-gerais/triangulo-mineiro/noticia/2016/08/jovem-de-araxa-cria-canal-na-internet-para-superar-o-preconceito.html. Acesso em: 24 jan. 2023.

MENINO de 8 anos arrecada mais de 20 mil reais para ajudar pessoas carentes. **Pais e Filhos,** *[s. l.],* 15 jan. 2023. Disponível em: https://paisefilhos.uol.com.br/crianca/menino-de-8-anos-arrecada-mais-de--20-mil-reais-para-ajudar-pessoas-carentes/. Acesso em: 1 jul. 2023.

NÚCLEO DA INFORMAÇÃO E COORDENAÇÃO DO PONTO BR (NIC.BR) (ed.). **Pesquisa sobre o uso da internet por crianças e adolescentes no Brasil:** TIC kids online Brasil 2018. São Paulo: Comitê Gestor da Internet no Brasil, 2019. Livro eletrônico. Disponível em: https://www.nic.br/media/docs/publicacoes/216370220191105/tic_kids_online_2018_livro_eletronico.pdf. Acesso em: 1 jul. 2023.

PROFESSORA que divulgou foto de alunos sem autorização. **Consultor Jurídico,** São Paulo, 28 jul. 2019. Disponível em: https://www.conjur.com.br/2019-jul-28/auxiliar-indenizara-escola-divulgar-foto--alunos-rede-social. Acesso em: 5 jan. 2023.

RIGGS, Wagner. Brasileiro de 11 anos cria canal do Youtube para ensinar como investir e ganhar dinheiro. **Portal do Bitcoin,** *[s. l.],* 17 maio 2020. Disponível em: https://portaldobitcoin.uol.com.br/brasileiro-de-11-anos-cria-canal-do-youtube-para-ensinar--como-investir-e-ganhar-dinheiro/#:~:text=%C3%89%20o%20caso%20do%20canal,e%20investi%2Dlo%20com%20sabedoria. Acesso em: 24 jan. 2023.

RIO GRANDE DO SUL. Tribunal de Justiça do Estado do Rio Grande do Sul. **Jurisprudência.** Porto Alegrre: TJRS, [2023]. Disponível em: https://www.tjrs.jus.br/buscas/jurisprudencia/exibe_html.php. Acesso em: 4 jan. 2023.

SANTOS, Serli. Aluna vai prestar serviços à comunidade no ES após ofender professora em app de mensagens. **G1,** Espírito Santo, 17 jul. 2018. Disponível em: tps://g1.globo.com/es/espirito-santo/noticia/aluna-vai-prestar-servicos-a-comunidade-no-es-apos-ofender-professora-em-app-de-mensagens.ghtml. Acesso em: 1 jul. 2023.

Leia também, da Editora InVerso

ICQ: UM ROMANCE DE INTERNET

Situado no mundo emergente da comunicação virtual dos anos 90, ICQ: Um romance de internet conta a história de amor de Auggie e Clarissa, que se conhecem por acaso em um bate-papo online e rapidamente se envolvem romanticamente.

No entanto, o romance é interrompido quando Clarissa parte para a Europa. Eles se escrevem com frequência, mas há apenas um problema: Clarissa nunca vê as cartas de Auggie. Será que o amor pode sobreviver aos altos e baixos de um romance online?

Com uma linguagem leve e cheio de referências, o enredo é uma viagem nostálgica aos primórdios da internet. Um passeio repleto de música e cultura pop que vai encantar os mais jovens e encher de saudades os mais velhos.

VOCÊ, INFLUENCIADOR

Para quem busca empreender, não dá para negar a necessidade de entender melhor como divulgar seu trabalho nas redes sociais, na mesma medida em que ser eficiente e alcançar a realização pessoal também é fundamental. Imagine ter uma opção sem fronteiras físicas para atingir seus objetivos, com custo interessante e todas as ferramentas essenciais na palma da sua mão? Atraente, não? Este livro mostra como atingir os resultados esperados sendo você mesmo o influenciador!

"Antes mesmo de escrever o livro, imaginei um produto que pudesse ajudar as pessoas, fazendo com que elas enxerguem as redes e a criatividade como grandes aliadas para fazer o diferencial no mercado de trabalho!" Leo Tramontin

SÃO PAULO. Tribunal de Justiça do Estado de São Paulo (4. Câmara de Direito Criminal). **Apelação criminal 15.2017.8.26.0589**. Relator: Des. Edison Brandão, 5 de junho de 2020. Disponível em: https://www.jusbrasil.com.br/jurisprudencia/tj-sp/887016546/inteiro-teor-887016559. Acesso em: 4 jan. 2023.

SPITZCOVSKY, Débora. Me faz companhia que eu te ajudo? Idosos de asilos dos EUA treinam inglês com jovens brasileiros. **The Greenest Posts**, *[s. l.]*, [2016?]. Disponível em: https://thegreenestpost.com/jovens-treinam-ingles-com-idosos-de-asilos-dos-eua/. Acesso em: 1 jul. 2023.

STOCHERO, Tahiane; SANTIAGO, Tatiana. Youtuber Júlio Cocielo vira réu acusado de racismo após comentários em redes sociais. **G1**, São Paulo, 15 set. 2020. Disponível em: https://g1.globo.com/sp/sao-paulo/noticia/2020/09/15/justica-de-sp-aceita-denuncia-e-youtuber-julio-cocielo-vira-reu-por-racismo-apos-comentarios-em-redes-sociais.ghtml. Acesso em: 1 jul. 2023.

VICENTINI, Rodolfo. O menino de 11 anos que viralizou na internet após virar um mestre do crochê. **UOL**, São Paulo, 22 fev. 2019. Disponível em: https://entretenimento.uol.com.br/noticias/redacao/2019/02/22/menino-de-11-anos-viraliza-apos-virar-um-mestre-do-croche.html. Acesso em: 1 jul. 2023.